「聆听大师」丛书

听南怀瑾谈经商之道

于台风／著

时事出版社

前言

天地运化有道，人世更迭依理，巍巍中华卓立于世界民族之林，经过千年的沉淀和荟萃，形成了一套蕴含人类文明瑰宝的思想体系。这套体系承载着中华民族五千年的智慧，造就了一个宇宙观、世界观、人生观、价值观健全的神奇国度。

穿越历史的滚滚长河，聚焦于耀眼世界的东方国学大师南怀瑾先生，他口吐莲花，字字珠玑，将国学的精粹以言简意深的质朴方式奉于人前。他翻开一本古老的书，指点着华夏文明独有的符号，从书中，我们听到了先秦的教诲，听到了圣贤的修为，听到了君王的权谋，听到了商业的智慧……一切如行云流水，娓娓动听！他打开一个闪闪发光的匣子，触摸着中华民族独有的印记，从匣子里，我们看到了华夏民族的国魂和族魂，看到了华夏历史的千年智慧，看到了世人内心深处裸露的人性……一切都历久弥新，耐人寻味！

历史给予文明最美好的东西就在于铅华洗尽之后的返璞归真，以古鉴今能让我们知美丑，懂善恶，辨是非，明对错。朝代的变迁为商人正了名，时代的进步给商业提供了更宽阔的发展舞台。改革开放以来的政治环境促进了中国经济的蓬勃发展，以民营企业为主体的工商界队伍也越来越壮大。2012年3月，南怀瑾先生在一次演讲中详细剖析了中国古代矿业界女商人巴清，称赞她决策先进，深谙经商之道，开矿起家，富甲天下，以至于秦始皇这种任何人都看不上眼的人，为了跟她见一面，都特意开辟出一条路，把她从四川请来，与之对坐而谈。南怀瑾先生说，这就是工商致富抗衡权势的力量。很明显，南怀瑾先生意在强调工商业在改变人类生活的过程中所起到的重要作用，同时也在呼吁世人重视商业。

国学智慧源远流长，民族精神生生不息。在熙攘纷繁的当今社会，学儒更能帮助企业家激发人性中良善仁爱的潜能，从而避开商路的险滩；论道更能帮助企业家开启人性中与世无争的智慧，从而抛却商途的烦扰；参禅更能帮助企业家寻找人性中淡泊名利的心境，从而忘掉商场的不快。乱花渐欲迷人眼，国学中蕴含的商业智慧作为解读商业经的人文密码，必将引领企业家们找到属于自己的经营法则和精神家园。

本书立足于南怀瑾先生对国学经典精辟透彻的诠释，从经商的角度出发，将经商的智慧、领导的艺术、用人的原则、管理的方法、管理的禁忌、商人的道德、事业的真正含义、商贾界的传奇人物、商人们不可或缺的人文情怀等一一道来。让我们在南怀瑾先生的引领下，一起探求国学精义中诸子百家的思想在经商过程中的巧妙运用，一起在未来千帆竞发的商场上叱咤风云，引领群雄。

目录

Part 1 / 经商需用智，善谋方应市——南怀瑾谈经商智慧

Part 2 / 领导者，闲静治事，不亲小节——南怀瑾谈领导艺术

Part 3 / 身居高位，以知人晓事二者为职——南怀瑾谈用人原则

Part 4 / 无为而治，大智若愚——南怀瑾谈管理之道

Part 5 / 宁可输事，不可输心——南怀瑾谈商业道德

Part 9 / 云深不知处，一代大师未远行——商界精英谈南怀瑾

Part 1

经商需用智，善谋方应市

——南怀瑾谈经商智慧

商场并不是一个按劳取酬的等价交易所，勤奋也绝非决定经商成败的唯一因素，通常情况下，商业经营是有技巧和规律可循的。若能在商业经营的过程中掌握这些技巧和规律，就能够事半功倍，无往而不利。探究、研习国学文化，学习圣贤们的处世哲学是获取商业智慧的重要途径。因此，要想在商业经营的道路上走得平稳，走得长远，就需要学习国学文化，汲取国学精华。

·1·

让人去找钱，而不是钱来找人

著名思想家司马迁在《史记》之《货殖列传》中写道：“天下熙熙，皆为利来；天下攘攘，皆为利往。”意思是说，天下的人大多数都是为了利益而每天忙忙碌碌，都是为了利益而常常各奔东西。现实生活中也经常上演着与我们的奋斗初衷背道而驰的一幕幕。我们下海经商，炒地炒房，兜售各种各样的产品，奋不顾身地追逐着金钱的脚步，到头来却总是竹篮打水一场空。为何？因为我们弄错了追逐的本体与客体，将人和钱本末倒置了，用南怀瑾先生的话说就是“应该让钱来找人，而不是人来找钱，因为人找钱太累，钱找人却很容易，当我们有福报时，钱自然而然就来了”。

同样的思想还见之于全球著名的投资商巴菲特先生。他说，人一生能够积累多少财富，不取决于能够赚多少钱，而取决于如何让钱生根，因为钱找人胜过人找钱，我们要懂得让钱为我们工作，而不是我们为钱工作。

“人找钱两条腿累死你，钱找人四个轮子追着跑乐死你。”这就是为什么很多人辛辛苦苦几十年却仍旧一贫如洗，而财源滚滚和飞黄腾达的故事永远都只发生在别人身上的原因。

顺应天命，扬长避短

扬长避短，就是善于发扬优点或利用有利条件，懂得克服或回避不利条件。长，就是长处、天赋，是优势所在，用佛家的话来讲就是“慧根”。很明显，如果一个人在自己擅长的领域或者岗位上工作，那么其获得成功的可能性要远高于在陌生的领域或岗位上工作。

三国时著名的蜀汉名将张飞，雄壮威武，胆识超群，于百万军中取上将首级如探囊取物，曾经在长坂坡当阳桥头上一声断喝，吓退了曹操近百万大军，纵横天下数十年，协助刘备成就蜀国帝业。他的“慧根”就在武艺上，因此成了能征善战的常胜将军。而同时期蜀汉著名的军事家诸葛孔明却以其渊博的学识、过人的智谋闻名于世。他六出祁山，七擒孟获，辅助两代君王，使蜀汉鼎盛一时，为蜀汉的根基牢固立下了汗马功劳，更曾使东汉智勇超群的名将周瑜垂危之际发出“既生瑜，何生亮”的感慨，他的“慧根”就在智谋方面。刘备正是懂得顺应天命，扬长避短的道理，才把张飞和诸葛亮放在了他们各自擅长的岗位上。试想一下，如果张飞做了军师，诸葛亮成了武将，那么蜀汉还能取得当时的成就吗？

诸葛亮曾叹曰：“谋事在人，成事在天。不可强也！”成大事者，最先需要做的就是清楚自己的兴趣爱好所在，努力培养自己的优势，展现自己天才的一面，顺势而为，不要明知不可为而有意为之，逆天行事最终只会以悲剧结尾。

上善若水，厚德载物

所谓商人，境界有三重：其一为奸商，即为了牟取暴利，不惜采用不正当手段，甚至损人利己的商人；其二为儒商，这类商人比较注重个人的修养，有较高的文化素质，不功利，能够诚信经营，追求救世济民的远大抱负；其三为佛商，这类商人是以佛学理念为指导、从事商品经营的企业家，他们大多有慈悲心，能承担企业责任，慈悲济世，热衷社会公益事业，能将为人处世的智慧运用到商业经营中来，为社会进步和文明起到了很大的推动作用，是一种极高的境界。

正所谓“上善若水，厚德载物”，真正的佛商能够洞察尘世，心境澄明，他们相信“善”的力量，众善奉行、自利利他、福慧双修、简单宁静，做该做能做的事，福报自然深厚，那么金钱名誉的到来就会犹如高屋建瓴，水到渠成。

清华大学将“厚德载物”作为校训，就是为了时刻提醒学生只有像大地一样厚实才能承载万物，要想在某一方面有所作为，就要效仿大地，品德醇厚，胸怀宽广。老祖宗将我们的财富、智慧、拥有的一切叫作“物”，只有品德高尚的人才配拥有这些，如果一个人的德行配不上自己所拥有的一切，那么他就会遭受意想不到的灾难，就像朱子在治家格言中说的那样，“德不配位，必有灾殃”。

南怀瑾先生很信奉佛教中的“福报”一说，他认为“福报”是果，因在于修，也就是说，“福报”不是凭空而来的，也不是取之不尽用之不竭的，它是靠个人后天修为得到的。在商业经营中，拥有良好的品德，又能做到顺应天命、扬长避短，怎么会不被钱追着走呢？

·2·

奇迹多是在逆境中出现的

古往今来，在逆境中成就一番伟业的名人数不胜数，正如雨燕经历风雨的击打更加矫健迅捷，松柏经过雨雪的积压更加挺拔苍翠一样，很多时候，奇迹是在逆境中出现的。

《警世贤文》勤奋篇中有这样一句话："宝剑锋从磨砺出，梅花香自苦寒来。"这句话直到今天依然常被用来告诫世人，宝剑的锋利和梅花的清香都是经过磨砺和苦寒才得到的，因此一个人若想在某一方面取得成就，就要能够在逆境中坚持自我，不畏惧苦难，以积极的心态面对命运赐予的一切考验。

南怀瑾先生在《论语别裁》中说："我们都常听说'得意忘形'，但是，据我个人几十年的人生经验，还要再加上一句话——'失意忘形'。有人本来蛮好的，当他发财、得意的时候，事情都处理得很得当，见人也彬彬有礼；但是一旦失意之后，就连人也不愿见，一副讨厌相，自卑感，种种的烦恼都来了，人完全变了——失意忘形。"也就是说，很多人的修为能够达到得意不忘形，却不足以达到失意不忘形的境界，当遭遇逆境的时候，就手足无措、一蹶不振，完全不具备在逆境中创造奇迹的素养。

天才也会遭遇逆境

南怀瑾先生在《孟子他说》中重点剖析了战国时代的苏秦，称赞他是当时国际政治上的风云人物，可谓是逆境中创造奇迹的典范。苏秦出生于农民家庭，自幼家境贫寒，毫无背景可言，少年时师从鬼谷子学习纵横捭阖之术，学成之后想有所建树，于是仔细分析了当时的局势，认定秦国对当时的国际格局影响最大，便将秦国定为第一个游说的国家。

当时的秦国正处在一个大发展时期，当政的秦惠王居功自傲，目中无人，他以“羽毛未丰的鸟儿不可能高飞”做比喻否决了苏秦对天下大势的整套构想和计划。或许是心中的志向太过坚定，被拒绝后的苏秦并没有马上放弃游说，而是将中国上古以来可以支持自己的历史哲学、战争论、战争思想、战争典故都搬了出来，继续劝说秦惠王一统天下，却再次遭到秦惠王毫不犹豫的拒绝。

当面游说不成，苏秦辗转住进秦国的旅馆，开始书面游说。他前后共给秦惠王写了十几封计划和报告，均未得到采纳，这些书信寄出之后都石沉大海，杳无音讯。此时的苏秦，盘缠已经用尽，身上的衣服也破旧不堪，尽管大志未泯，但是英雄末路，他不得不收拾行囊回乡。

对于普通人来说，家是温暖的港湾，是在外受到挫折后最想去的地方，而对于苏秦来说，家却并不是这样的。在秦国游说无果的苏秦回到家中面临的是妻子的不理睬、嫂子的看不起、父母的不搭理。逆境中的苏秦并没有灰心失望，怨天尤人，也就是南怀瑾先生说的“失意忘形”，他痛定思痛，从自己身上找原因，将自己的藏书一一翻出来再次阅读，重新研究阴符谋略，读书读到困的时候就拿锥子扎自己的大腿，历史上有名的“头悬梁，锥刺股”的典故就是在说苏秦。经过一番刻苦钻研，他根据时局适时地改变了策略，从游说秦国一统天下变为游说六国结盟抵抗强秦。皇天不负苦心人，最终他以一己之力促使六国合纵，保当时天下臣民二十年免受战争之苦，身佩六国相印，显赫一时。

从政治角度来说，苏秦不愧为深谙权谋之术的天才，但是天才也有遭遇逆境的时候，苏秦之所以能够走出逆境迎来人生最辉煌的时刻，主要在于他有着极高的修养，能够让自己在逆境中自我反省和再接再厉，而不是自怨自艾和萎靡不振。

逆境可以成就奇迹

逆境就像一把双刃剑，不懂得如何利用的人或许会将自己刺得体无完肤，从此心灰意懒；而懂得如何利用并享受逆境的人会将这把剑磨得更加锋利，让自己在以后的路上能够轻松地斩断荆棘。孟子曰：“天将降大任于斯人也，必先苦其心志，劳其筋骨，饿其体肤，空乏其身，行拂乱其所为也，所以动心忍性，曾益其所不能。”意思是说，上天要降重大责任在一个人身上，一定要先使他的内心痛苦，使他的筋骨劳累，使他饱受饥饿以致肌肤消瘦，使他受贫困之苦，使他做的事颠倒错乱，通过这些挫折来使他的内心警觉，使他的性格坚定，增加他不具备的才能，来接受重大的任务。

西汉的开国功臣，官拜楚王和上大将军的韩信就是一个曾经受过“胯下之辱”的人，并且在饥寒交迫之际还曾接受过河边洗衣妇人的饭食施舍。罗曼·罗兰说：“天才总是免不了要遇到障碍，因为障碍会创造天才。”饱受磨难的韩信在刘邦入蜀后带着佩剑离楚归汉，只得到一个仓库管理的小官，并不被人重视。后来他结缘萧何，深得萧何赏识，被推荐给刘邦才初露锋芒，自此东进灭赵，施计灭齐，平定四国，名声大振，创下了一个又一个奇迹。

南怀瑾先生在讲解《圆觉经略说》中的普觉菩萨时说，“现逆顺境，犹如虚空”。善知识（梵语，音译为迦罗蜜，指正直而有德行，能教导正道之人）往往故意展示、呈现顺境、逆境来磨炼你，考验你。在顺境时，看你是否沉迷，是否能够维持平常心，而不得意忘形；在逆境时，看你是否能够忍受，是否能够维持平常心，而不怨天尤人。

细细想来，商场何尝不是一个到处弥漫着无形硝烟的战场，尤其在竞争异常激烈的现代社会，千军万马摇旗呐喊争过独木桥，一不小心就会跌入谷底，成为别人前进路上的奠基石。在这关键时候，是创造奇迹还是默然倒下，就要看我们面对逆境时的心态了。

·3·
融天下于一家

中国几千年的文明给后人留下了取之不尽用之不竭的智慧，无论是求学、做人、从政，还是生产、经商、管理，我们都能从中汲取有用的养分。然而，经过了数百年西方文明的洗礼，国人在对待中国传统文化的态度上产生了严重的分歧。

尤其是在企业管理方面，有人认为，中国传统文化博大精深，底蕴深厚，在企业的日常经营中很容易找到用武之地，就算闭关自守，完全抵制外来文明，也能依照先人的教诲管理好企业，于是他们完全抵制西方文化，只注重前人的经验，不注重目前的商业形式，从而人情化、文本化地管理企业。也有人认为，老祖宗的东西都是过时的，跟不上现代文明，而西方文明才是符合时代发展的，于是他们全盘否定中国文化，一味照抄照搬西方的管理经验，忽视中国企业本土文化的背景，从而制度化、强制化地管理企业。

南怀瑾先生是一个有着全球视野的中国学者，他热爱中国传统文化，但是并不保守。他认为，只标榜中国传统文化就是刚愎自用，主动放弃与世界先进管理经验接轨的机会，而忽视中国本土企业的文化背景完全西化就有崇洋媚外的嫌疑，很容易让企业在定位不明的情况下不伦不类，不中不西。无论哪种思想做主导，企业的命运都可想而知。只有将二者相结合，融天下于一家，择其善者而从之，其不善者而改之，才能在发展的道路上牢固根基，越走越远。

兼收并蓄才能避免一言堂

管理学是社会现代化大生产需求下的产物，是一个相对年轻的科学，尽管中国传统的文化由内而外散发着哲学和悟道的魅力，但是没有经过系统的整理，我们只能从前人留下的只言片语中寻找真知灼见。而西方国家近些年在管理方面作出的贡献更加偏向于成熟理性的思考，刚好弥补了中国传统管理经验上的不足之处。

中国伟大的领袖毛泽东就是一个十分善于将中国传统文化与西方先进思想融会贯通的管理者。他自幼饱读经书，深谙孔孟之道，在那个风云变幻的时代，他知道只抱着老祖宗留下的智谋做事是不够的，于是在闲暇时将求知的渴盼目光指向了一些能够开阔思想和眼界的书籍。早年时，他读郑观应的《盛世危言》启发很大，被郑观应“涉足孔孟之道，究心欧美西学”的开明态度所感染，尤其是在政治制度和科学文化方面，郑观应所主张的“中学其本也，西学其末，主以中学，辅以西学”理念使毛泽东大彻大悟，他认识到，天下家国正处于动荡的变化之中，自己所学到的知识远远不够，必须尽快跳出传统思想的禁锢，学习西方先进文化以备己用。

西方文化带给毛泽东的转变是显而易见的，这也是他能够在此后领导人民独立战争中写出一篇篇极具号召力文章的原因。晚清时期闭关锁国的历史已经给了我们深刻的教训，时代发展到今天，学问不分国界的观念逐渐深入人们的思想，作为一名管理者，只有虚怀若谷，兼收并蓄天下有效管理经验，才能不被时代的车轮碾压。

天下之才皆为我用

在中国企业管理中，对待外来人才与对待外来文化一样，也是一件容易陷入或褒或贬两个极端的事情。一种情况是：企业在招聘人才时，如果对方是外国留学回来的海归，就会笑脸相迎，不管其是否有真才实学都愿意高薪聘请，若是有外国人才前来应聘，那就更不用说了，必然是像财神一样供奉起来。另一种情况则刚好相反，企业招聘人员认为，海归人士和外国人才都不符合中国本土企业用人需求，且这部分人受国外开放思想影响太深，工作态度比较散漫，不易管理，所以一概拒之门外。

容易犯以上错误的管理者一般门第观念比较重，并不是一个任人唯贤的优秀管理者。他们本身对中西方文化没有真正深刻的认知和理解，所以才会以偏激的眼光选拔人才。

作为金温铁路的头号功臣，南怀瑾先生就是一个注重与国际接轨、知人善任的优秀领导。在金温铁路筹建的过程中，南怀瑾先生十分关心人才的选拔和任用，只要是有才能的人，能够为金温铁路出力的人，他一概选用并委以合适的职位。因此，整个金温铁路的建设，人才构成十分复杂，有经验丰富的建筑工人，有想踏踏实实为百姓办好事的地方官员，还有海外留学归来学有所成的业界精英等等。其中，1960年毕业于台湾测量学校的侯业成就是一个深受南怀瑾先生喜爱的海归，他大学毕业后留学德国和美国，有丰富的铁路修建经验，是不可多得的专业人才。南怀瑾先生以其独到的商业智慧任命侯业成为代表，替他去沿线工地视察和慰问，侯业成到任后不负厚望，仅三个月时间就完成了南怀瑾先生交代的任务，为金温铁路的及早完工作出了巨大贡献。

在如何对待中西方管理知识这个问题上，非要一争高下是十分愚蠢的，就像叫嚣了多年的“中医是迷信”却依然在为人们服务，“西医治标不治本”却依然是人们求医问药的主流一样，只有将中西方的管理经验结合在一起，取其精华，去其糟粕，才能提炼出管理效果好且自成一家的管理模式。

·4·

胸怀公众，实干先行

一个企业的存在，绝不能把赚钱当成唯一的目的。对于企业来说，赚钱固然重要，但是拥有社会责任感和树立服务意识同样重要，甚至比赚钱更重要。因为一个没有社会责任感、唯利是图的企业对社会是没有什么意义可言的，可想而知，这样的企业也是很难在社会上长久生存下去的。而一个不能生存的企业，又怎么能实现赚钱的目的呢？正所谓“天下兴亡，匹夫有责”，作为社会重要成员的企业，更要对国家、社会和人民负起责任。

南怀瑾先生是将儒家智慧与经商完美结合在一起的中国学者，他认为儒家所提倡的“道”，就是指以出世离尘的精神做入世救人的事业。这里的“道”其实就是一种境界，对于优秀的企业经营管理者来说，要想达到这种境界，就需要具备强大的社会责任感，应该以服务社会、造福人类为使命。

大道之行，天下为公

一些潜心研究企业管理的人得出过一个结论，即世界著名的、经营良好的企业没有一家不是将社会影响、人类利益放在企业盈利前头的，没有一家企业是缺乏社会责任感的，在这些企业内部，上至管理者下至普通员工都将对社会负责、对国家负责、对企业负责、对工作负责作为最起码的准则。正所谓“大道之行，天下为公”，在大道施行的时候，天下是人们所共有的，我们只有保护好共有的东西，才能取得长久的发展。

近些年，大连万达集团股份有限公司董事长王健林常常以有责任感的企业家形象出现在公众视野，人们在钦佩他事业有成的同时也为他的慈善形象所感动。有媒体报道，万达集团自成立以来，为社会捐款及投入到公益事业中的资产超过31亿元，其实早在1990年，万达集团刚刚起步，在整个公司经济并不宽裕的情况下，王健林就已经开始悄悄地承担起了企业家的社会责任。那时候，他捐赠100万用来建设大连西岗区教师幼儿园，此后便一发而不可收，以“共创财富，公益社会”的企业使命在慈善事业上活跃起来。1993年捐款2000万兴建大连西岗区体育馆，1994年捐款5亿建立大连大学，2005年捐款500万成立全国首支农民工援助基金，2003年率先捐款100万抗击非典，2007年又率先向大连、沈阳两市受灾地区捐款700万元，2008年汶川地震再次率先捐款500万元……回顾这些年的中国大事记，只要国家和人民有需要的地方，我们总能在第一时间看到万达的影子。更有甚者，本身并不是佛教信徒的王健林在2010年向南京人民政府捐款10亿元用于南京金陵大报恩寺的重建，他说，此举并不是信众的布施，而是想要弘扬中国传统文化，带动国家旅游业的发展，并促进社会和谐。

王健林的公益形象代表了万达集团的公司形象，人们不会忽视一个有社会责任心的企业家。2014年12月，万达集团在香港联交所主板挂牌交易，到认购结束时，约1.2万人为万达商业捧场，超额认购5.3倍，欧美市场的认购也超额10倍，基石投资者投资数额高达20.94亿美元，最终万达集团融资高达288亿港元，堪称2014年港股融资王。一个以天下为公的企业，必然能够感动社会，感动他人，国家和人民当然希望它能够长久发展下去。

兴业实干，顺手化缘

有责任的企业并不只是那些在社会国家需要的时候捐款的企业，撇开捐款不谈，那些积极响应国家号召保护社会环境的企业，那些兴业实干、做良心产品、为人民服务的企业，那些拥有爱国主义情怀、愿意弘扬中国文化的企业，都是有责任的企业。

随着人们对生活环境要求的提高，生态型产品逐渐成为人们消费时的主选。这时候，一个注重环境保护和生态循环的企业，即便不是为了提升公司的美誉度而关注社会效益，也会赢得社会各界的支持，在美誉度、知名度提升的同时形成公司利益的良性循环，无心插柳柳成荫，这也算是对实干型企业的一种回报吧。德国的化工企业巴斯夫就是这样一个企业，它创建于1865年，是世界最大的化工企业之一，它最令人称赞的地方就是在承担社会责任方面所作出的成绩。为了响应德国政府2001年出台的要求建筑物的采暖能耗降到7升的号召，巴斯夫立即引用新技术，并利用自身的能源优势将德国一幢老房子的取暖能耗降至3升。这一贡献不仅为住户节省了一大笔取暖费用，而且对社会环保十分有益，减少了消耗和废气的排放量，立即在德国得到大力推广，公司的发展也随之迈上了一个新的高度。

南怀瑾先生说，企业是社会的一分子，企业的生存需要当然要和企业的生存环境相融相生，因此企业家在经营好企业的同时，也要照顾到社会环境，承担起社会责任，只有这样，企业才能长久发展下去。

·5·
待人多一点宽厚，处事多一点严谨

我们或许都听过三个和尚没水喝的故事：当寺庙里只有一个和尚的时候，他每天勤快地挑水、念经、敲木鱼、打扫禅房、驱赶老鼠，日子过得简单而充实。之后又来了一个和尚，寺庙的一切都发生了变化，以上所有的事情都平均分配给两个人去做，谁都不愿吃亏，尤其是去挑水的时候，水桶一定要放在扁担的正中间他们才会心理平衡，即便这样，日子也还算过得下去。但是，当寺庙来了第三个和尚的时候，由于工作分配不均，三个和尚各行其是，谁都怕被别人占便宜而不去挑水，最终三个和尚都没水喝。

这个故事后来经常和三个蚂蚁的童谣放在一起讲述，来提醒人们合作的重要性，“一只蚂蚁来搬米，搬来搬去搬不起；两只蚂蚁来搬米，身体晃来又晃去；三只蚂蚁来搬米，轻轻抬着进洞里”。很显然，三只蚂蚁的合作方式与三个和尚的合作方式所得到的结果是有着霄壤之别的。团结一心、相互配合、不留私心的蚂蚁最终能将重于自己数倍的米粒搬进洞里，而三个相互推诿、不讲协作、各自为政的和尚，最终只能落个没水喝的下场。

人是比较复杂的动物，总是容易对别人严格，对自己宽厚，这样合作起来肯定会出问题的。南怀瑾先生在《论语别裁》中说：“对于别人错了的，责备人家时，不要像对自己那么严肃。这样处世做人，对长官也好，对同事也好，对部下也好，怨恨就少了。相反地，社会风气到了乱的时候，往往是对别人要求严格，对自己要求轻松；原谅别人十分困难，原谅自己轻而易举。所以孔孟之道，都是教我们反身而诚，责备人家要宽厚，对待自己要严格。”

与人有路则于己有退

人的本性往往能够宽容地对待自己，当自己犯了错误的时候千方百计地为自己找借口开脱罪名，而不能够宽容地对待别人，当别人犯了错误的时候总是揪住不放，一定要让对方下不了台面才行。孔子曰：“君子求诸己，小人求诸人。”意思是说，那些品行高尚的人，遇到问题总是先从自身找原因，而那些小人，遇到麻烦总是想方设法推卸责任，撇清自己，从不会去反思，从自身找原因。真正聪明的人和普通人的区别就在于是否能够以责人之心责己，以恕己之心恕人。

三国时期被后人称为“乱世奸雄”的曹操就是一个能够宽厚待人的将领。东汉末年，曹操在兵马钱粮上不及袁绍，作战时在气势上处于下风。曹操的很多部下因害怕曹操战败而无路可退，就暗中与袁绍联系以寻后路。官渡之战，曹操打败袁绍成为当时最强大的霸主，从袁绍那里缴获了很多自己部下写给袁绍的书信，这才发现此事。那些给袁绍写了书信的大臣都心惊胆寒，以为曹操必治自己通敌之罪，谁料想曹操根本没看这些书信，直接命令士卒把这些信烧掉，并说：“这些跟着我打仗的人都是有家庭有儿女的人，他们对我没信心时想给自己找个后路也是情有可原的，就连我自己在必要的时候还会写几封书信恭维袁绍几句，何况他们呢？所以，不必追究了。”

曹操此举就是遵循了宽厚待人的原则，因此在那个群雄并起的年代，他的属下也很少有人离他而去。

严于律己，为政之基

“严于律己，宽以待人”是中国古人极力推崇的一种修养境界，对于为人处事具有很大的帮助，尤其是当领导的，更应该提高自己的修养，以身作则，办事严谨，不搞特殊化，不因自己的身份而放松对自己的要求，才能够让属下信服。

三国时蜀汉丞相诸葛亮是一个办事严谨，对自己要求很严的人。公元228年，他带领大军北伐，坐镇西县，精心组织了街亭阻击战。可以说，街亭一战是决定着双方成败的重要一战。诸葛亮因为深深喜爱马谡而忘记了刘备临终前所说“马谡言过其实，不可以委以重任”的忠告，任命马谡为先锋官驻守街亭。后来，马谡大意轻敌并且不听参军王平的劝告一意孤行，在四周没有水源的孤山上安营扎寨，导致街亭失守，北伐失败。事后，诸葛亮立即总结了此战失利的原因，后悔自己没有听取刘备的忠告，错用了马谡。他主动给当时的皇帝刘禅写了一封信，称这件事主要是自己用人不当的责任，为了能够重整军威，他恳请皇帝罢免他丞相的职位，降职三级，以示处罚，并且要求将士们把自己的错误传示三军和朝中的大臣，以示警诫。诸葛亮这种处事严谨、执法严明、严于律己的作风一直被后世称颂。

当今社会竞争十分激烈，单打独斗已经不适应现代社会的发展，只有团队合作才能够开辟出一条新的出路。作为管理者，如果不能在新的形势下提高自己的修养，待人多一点宽厚，处事多一点严谨，那么将很难带领好一个团队，更不能实现整个团队的合作共赢。因此，每个领导者都要把“严于律己，宽以待人”作为工作生活中的行为准则。

·6·

赚钱与花钱都是一门学问

人生在世，谁都避免不了与社会产生经济联系，古语云“人为财死，鸟为食亡”，意思是说，人活一生逃不开钱财的桎梏，而鸟活一生也离不开食物的牵制。可见，再自命清高的人也绕不开赚钱与花钱的问题。企业也同样如此，要想顺利地运营和发展下去，就需要妥善处理好赚钱与花钱的关系。因此，一个合格的企业管理者首先要研究好赚钱与花钱的学问。

关于赚钱与花钱，南怀瑾先生曾经说，赚钱难，聚财难，但是用钱更难，散财更不易。能够赚钱聚财，又善于用钱和散财的，必然是人中豪杰，不是常人所能及的。至于死守财富和乱散钱财，也是社会人群中常有的两种典型。

每个人都希望自己事业有成，早日实现经济自由，有能力行善布施提升自己的地位，受万人景仰，希望所有美好的事情都能降临在自己的身上。有人认为这是痴人说梦，于是继续好吃懒做、大肆挥霍，过着仇富自怜的日子，然而也有人利用正确的经商之道、博爱的处事态度，实现了这些梦想。

君子爱财，取之有道

“君子爱财，取之有道”是我们从小就耳熟能详的古训，意思是说君子虽然喜欢钱财，但是要从正道上获得，那些不义之财是坚决不能要的。身为领导，更要明白这个道理，在企业经营的过程中，不但要会赚钱，能赚钱，还要坚持只赚该赚的钱。而那些昧心钱、黑心钱、违背良心道德的钱坚决不能赚，否则除了蒙受道德耻辱之外，还可能有牢狱之灾。

东汉的荆州刺史杨震是一位为官清廉、不谋私利的君子，他因为知识渊博被尊称为“关西孔子”。杨震一生以“清白吏”为座右铭，严格要求自己，坚决“不受私谒”。他在任荆州刺史的时候曾因学生王密的才华出众而向朝廷举荐为昌邑县令，后来他调任东莱太守，途径昌邑县，王密热情地接待了他并且前去拜会。两人相谈甚欢，聊至深夜，王密临行前突然从怀中捧出黄金送给杨震，说：“恩师难得光临，我准备了一点小礼物来报答您的栽培之恩。”杨震大为恼火，说：“我推荐你是因为你的真才实学，并不是为了你的报答，我希望你能够做个廉洁奉公的好官，可是你今天的行为真是违背了我的初衷，你对我最好的回报是报效国家，而不是回报我个人。”王密坚持道：“现在是半夜，我送您黄金不会有人知道的，请收下吧。”杨震立马怒不可遏，疾言厉色道：“你这是什么话，天知，地知，我知，你知！你怎么可以说没有人知道呢？没有别人在，难道你我的良心就不在了吗？”王密顿时没了底气，灰溜溜地走了。

杨震一生耿介，从不以公谋私，也不收受贿赂，他之所以能够受后人尊敬和爱戴，就是因为他明白，信誉是一个人安身立命的基础，无论贫富贵贱都要做一个有信誉的人，这才是君子所为。企业领导担负着企业发展的重任，尤其要注重自己的名誉，因为领导的形象和企业的形象是密不可分的。

君子富，好行其德

与赚钱相比，花钱在人们心中似乎是一件很容易的事，花钱谁不会，享乐、做生意、买股票等都是花钱。然而，南怀瑾先生却认为，“君子富，好行其德，小人富，以适其力”，意思是说，好人赚了钱，富有了会做好事，积德行善，而小人发财了只会用来享乐，或者做坏事，或者继续投资，为了赚钱而赚钱。因此，可以说花钱的本事并不是每个人都有的，花钱要花得有意义才是真正的花钱，即便撒手千金，也要撒得有意义才行。

春秋末年的大经济学家范蠡可以称得上是儒商的鼻祖，那些油头滑脑、盘剥敛财的事情他从来不做，而是以一颗诚恳的心对待所有的合作者。此外，他对待雇工和租客也十分慷慨，遇到收成不好的年份，他会主动减免地租，更有甚者，如果百姓生活十分困难的话，他还会施粥救济。年初的时候，他与合作者签订好收购合约，如果到了年底商品的价格发生了波动，他也总会选择自己吃亏而对合作者有利的方案执行。

在多年的经商历程中，范蠡始终把诚信作为与人合作的原则。一次，他因为资金周转不开向一个富户借了钱，这个富户出门讨债时弄丢了借据，范蠡知道后，立即连本带息将钱还给了富户，并且额外给了他一笔路费。

范蠡这样做并不是为了获得好名誉，而是因为他本就是一个宅心仁厚的君子，他甘于吃亏，愿意与别人分享经营成果，算得上是真正会花钱的人。因此，很多人都愿意跟他做生意，一些雇户长工也都愿意为他干活，当他在经营的过程中需要别人帮助的时候，那些曾经与他合作过的人都会毫不犹豫地伸出援助之手，帮他渡过危机。

历史上第一位获得佛学博士学位的美国人克尔·罗奇格西从佛学的角度说：“如果公司财务状况不稳定，一直处于长期亏损状态，要想解决这个问题，你就得把获得的利润多多分给那些帮助你创造利润的人，并且绝对不要贪取不义之财”。商朝汹涌，变幻莫测，要想在经营过程中立于不败之地，就要学会与别人分享，那些只顾自身利益、挣了钱不分给合伙人、压榨员工的领导，只会将自己逼上没有生意可做的绝路。

·7·
把“逆耳忠言”听进心里

身居高位的领导，大多是经历了一番打拼、在某些方面有过人之处的人，在习惯了周围人的阿谀奉承之后，很难再听进不同的意见。因此，很多领导常常摆出一副高高在上的姿态，对于那些进谏忠言的人不但不感激，反而认为对方是在对自己进行人身攻击。他们由此心生怨恨，给对方穿小鞋，使绊子，恨不得将对方赶出公司。这样是十分不对的，须知，“良药苦口利于病，忠言逆耳利于行”。

南怀瑾先生说："忠言逆耳，古有明训，讲真话固然不容易，但是能够接受、听得进去真话更难，只有高明的人，才肯接受这逆耳的忠言。"是的，勇于接受别人批评的人是追求进步的人，是愿意改正自己缺点的人，是想要使自己更加完美的人，是内心素质强大的人。

《左传》有云，"人非圣贤，孰能无过，过而能改，善莫大焉"，那么，一个人怎样才能知道自己是对是错呢？除了自我反省之外，还需要倾听来自旁人的批评。其实，犯错并不可怕，只要及时改正，就能停止继续犯错。最怕的就是那些闭目塞听的人，尤其是身在高位的领导，他们的言行对企业影响很大，如果不肯接受别人的批评建议，任由自己在错误中继续下去，只会使小错变成大错，使大错变成无可救药的过错。

以人为镜，可以明得失

回顾中国千年历史，大凡有所作为的人，都是能把"逆耳忠言"听进心里的人。他们闻过则喜，择善而从，广开言路，能够悉心听取来自不同阶层的人的声音，从而使自己在成就大事的路上少走弯路。

唐太宗李世民就是一位能够将臣民的"逆耳忠言"听进心里的皇帝，"李世民畏惧大臣魏征"的传闻也成了中国历史上一段表现君臣关系和谐的佳话。若论起来，李世民和魏征的结交也是从一个直言不讳的故事开始的。魏征早年在太子李建成的帐下做事，颇受太子重用，后来李世民发动兵变，杀了太子自己称帝。他知道魏征是一个不可多得的人才，便召他相见，一见面就假意问责魏征为何要离间自己兄弟二人的感情，当所有人目睹圣怒，以为魏征必死无疑的时候，魏征却不卑不亢地说："如果皇太子早听我的话，肯定不会落到今天这样的下场。”李世民见魏征如此从容淡定、不畏强权，很欣赏他，不但没有杀他，反而任他为谏官。

魏征忠心敢谏，李世民雅量容人，这对君臣更像是地位平等的朋友。一次，魏征从外面回来迎面碰到李世民出门后又临时折回的车架，便问：“听说陛下想去南山游玩，都已经准备好了，为什么突然又不去了呢？”李世民只好笑着说：“刚开始确实想去玩来着，可是怕爱卿生气，只好中途返回了”。

李世民将魏征视为左膀右臂，魏征死后，他悲痛欲绝，无奈叹出了那句流传至今的名言：“以铜为镜，可以正衣冠；以古为镜，可以知兴替；以人为镜，可以明得失……魏征殂逝，遂亡一镜矣！”

李世民即位的时候还不满三十，正是年轻气盛目中无人的年龄，但他君临天下之后能够收敛自己的性子，虚心接受别人的批评建议，励精图治，集思广益，勇纳忠言，最终开创了大唐“贞观之治”的盛世景象。

听得进忠言才能够成就霸业

有时候，忠言就像一根刺，刺进身体的时候会很疼，但却可以治好身上的毒疮。现代社会中，企业里上至公司领导，下至员工下属，都要欣然接受来自他人的批评建议，不仅要把忠言听进耳朵里，还要听进心里。

西汉开国皇帝刘邦是中国历史上第一位毫无背景、出身贫民的天子。他之所以能够得逞霸业，除了知人善任之外，还在于有听进“逆耳忠言”的雅量。当刘邦率领十万义军大败秦军之后，兴高采烈地进入秦的都城咸阳，从来没有享受过荣华富贵的他逐渐被胜利冲昏了头脑，自负情绪开始滋生，当见到秦宫美色珍玩之后更是一发不可收拾，建立霸业的雄心壮志早已抛到九霄云外，从此开始纵情声色，丝毫不理会好兄弟樊哙的劝谏。刘邦帐下的谋士张良看不下去了，他劝谏刘邦道：“良药苦口利于病，忠言逆耳利于行，请沛公听樊哙言。”刘邦听了张良的直言劝诫，如梦方醒，他离开秦宫，将军队撤到灞上，并且召集当地的名士，与他们约法三章：1. 杀人者死；2. 伤人及盗抵罪；3. 其他秦朝的苛刻法制一律废除。刘邦能够作出这些决定，说明他不但将属下的劝谏听到了耳朵里，而且听到了心里，这些约定也使他得到了民心支持，对促成霸业有非同寻常的作用。

正所谓“听人劝，吃饱饭”，一个刚愎自用的领导是很难认识到自己的错误的，执迷不悟地一意孤行，最终只能让自己离成功和尊重越来越远，而一个虚怀若谷、能够虚心接受他人批评指正的领导，才能更加清楚全面地认识自己，收获意想不到的尊重和成功。所以，身为领导，要有宽厚容人的胸怀，要客观冷静地面对别人的批评，多听取别人的劝告。

·8·
在其位，善谋且只谋其政

领导是一个团队的核心人物，身上承担着更多的责任，要想成为一个受人尊敬的领导，就要“在其位，谋其政”。有句俗话叫“当官不为民做主，不如回家卖红薯”，就是强调做领导要有作为，有担当，不能身居要职不做实事，只吃闲饭不干活，那样就成了尸位素餐。

然而，在《论语》中，孔子的原话却是“不在其位，不谋其政”，意思是说，不担当一个职务，就不要过问这个职务范围内的事。南怀瑾先生很赞同孔子的观点，他认为，一个品德高尚、有素养的领导除了要做好分内的事之外还要三缄其口，不能随便对自己不熟悉的岗位指手画脚。比如说一个知识分子，如果不是身居官职，就不要随意谈论批评政事。在一个企业内部同样如此，如果你是一个行政部门的领导，就不要过分插手业务部门的事，须知隔行如隔山，虽然同在一个公司，但是涉及的专业知识不同，工作经验不同，思考问题的角度不同，需要注意的细节不同，用到的管理方法自然也不相同，如果不计后果地僭越，一不小心就会把别人指引到错误的路上去。

“在其位，谋其政；不在其位，不谋其政”，算是对一个有涵养的领导在该为和不该为两个方面同时作出了要求。企业把领导权交到你手里，你就要以岗位为平台，兢兢业业，一丝不苟，才能不辜负公司的厚爱；对于那些不属于自己领域内的事情，不要随便评价，轻易插手，以免指挥失误，引起别人的怨愤。

行其权，尽其责

“食人俸禄，忠人之事”是一个企业上至领导下至员工都应该具备的品德，那些只想着偷奸耍滑，抱着“当一天和尚撞一天钟”的敷衍态度混日子的人根本不配拥有任何工作机会，这种不思进取、得过且过的心思自以为没有人知道，然而却经不住任何小事和时间的考验，一旦被公司发现，同信誉一起葬送掉的还有自己的前途。

一说起在岗位上“鞠躬尽瘁，死而后已”的典范，我们都会想起全心全意奉献自己的蜀汉军师诸葛亮。当年刘备三顾茅庐问计于他，他孤坐草庐却精辟地分析出了当时天下的形势，并为刘备制定出先取荆州立足，再图西川扩展，最后兼并天下实现霸业的进军路线。此后，他治理蜀地、平定南蛮、六出祁山、七擒孟获，苦心筹谋多年最终积劳成疾，病死在北伐的途中。诸葛亮之所以受人景仰，不仅因为他是智慧和忠诚的化身，还因为他是一个全心全意为主分忧的人。刘备死后，后主孱弱，诸葛亮年过不惑，在蜀中更是一人之下万人之上，他完全可以过每天上朝下朝的悠闲日子，再不济回到卧龙岗继续过那神仙般闲云野鹤的日子也不是不可以，但他却选择挥师北伐，想为后主扫平天下，为刘氏江山稳固根基。尽管有阿斗的不解，有朝中大臣的猜忌，但是他依然坚持做自己该做的事，把出山之后的所有时光都献给了那个对他有知遇之恩的刘备。

领导，就是要引领员工，指导员工，只有以身作则，起好模范带头作用，才能够真正地带领属下做好该做的事，才算对得起公司给予的机会，对得起每月所拿的薪水。

卑不谋尊，疏不间亲

打着关心别人的名义批评别人或者对别人指指点点是现在社会的一大通病，不知道从什么时候开始，当我们想要做一件事情的时候，身边最不缺少的就是那些真假难辨的关心和对错难分的指教。俗话说，“卑不谋尊，疏不间亲”，意思就是说不要随意替别人谋划，掺和别人的事。

伟大领袖毛泽东曾经说过，不调查，就没有发言权，当我们连一件事情的来龙去脉都没搞清楚时就高调地发表自己的看法，实在是一种缺乏素质的表现，正如南怀瑾先生所言，往往越是外行的人越喜欢说内行话。作为管理者，尤其要注意这一点，不要自以为是地在超出自己权责范围的领域高谈阔论、指点乾坤，否则很容易丧失下属的尊重。

关于随意批评别人这个问题，网上曾经流传过一组悲伤且耐人寻味的漫画，第一幅漫画是一群小伙伴围着一个小朋友问：“你爸爸的生日你要给他买什么？”第二幅漫画中这个小朋友开心地回答道：“我要给爸爸买朵花。”到了第三幅漫画，这群小伙伴在那里笑得前俯后仰地嘲笑这个小朋友，并且口出恶言：“花？你爸爸竟然喜欢花？哈哈！”在最后一幅漫画中，这个小朋友十分沮丧地把买来的花放到了爸爸的墓碑前。漫画虽然简短却激起了人们心中无限的酸楚，在不了解真相的情况下随便评论别人的事情，很容易伤害别人而不自知。

南怀瑾先生十分欣赏儒家一贯提倡的“自省、克己、慎独、宽人”的治学处事态度，而“在其位，谋其政；不在其位，不谋其政”就是对高风亮节的领导的完美诠释。时代的进步虽然丰富了知识的传播手段，但是人类认知能力的局限性也在很大程度上限制了事事精通的可能，因此我们每个人做好自己的本分就好，不要自以为是地批评指点别人。

Part 2

领导者，闲静治事，不亲小节

——南怀瑾谈领导艺术

南怀瑾先生博古通今，深谙帝王之道，对现代领导学也有着深刻的领悟。关于领导这门艺术，他站在圣人的肩膀上敏锐地察觉到并提出了很多现代企业管理层中常犯的错误。了解这些内容对我们大有裨益，对照别人常犯的错误，就能分辨出自己是否也存在着同样的毛病，如果有，就改掉；如果没有，就用来警醒自己以后不要犯这样的错误。

·1·

居高位者，要超然于毁誉

身为领导，身处高位，要有一些超脱于毁誉的胸怀和气度。孟子曰：“有不虞之誉，有求全之毁。”意思是，人生在世，总会有意料不到的赞誉，也会有过分苛求的诋毁。毁誉本身不一定客观准确，有时候甚至是他人的恶意中伤，以至于颠倒是非，混淆黑白。身为领导，要时刻保持心智清明，不能因为他人的赞誉或者诋毁而乱了心性。

南怀瑾先生说：“我对于人、毁誉皆不计较，因为哪个人说某人好，或者哪个人说某人坏，都很难有定论。根据我的亲身体验，永远不要轻易攻击他人，也不要轻易恭维他人。”

恭维的话语就如同罐子里的蜂蜜，甜蜜诱人，谁都想舔上一口，所以很容易上恭维的当，这是人性。看待恭维应当一分为二，适度的恭维在人际交往中很有必要，能够融洽彼此的关系，只要不过分地恭维即可。但被恭维的人要有自知之明，自己要看清楚，明白自己的处境和地位。

以超然之心面对毁誉

对于诋毁要有一颗超然之心。这世间很少有人能不遭受诋毁，而且越伟大的人物，遭受的诋毁越多，正所谓“谤随名高”。一个人的声名越大，身后随之而来的毁谤也就越多。耶稣之所以被钉死在十字架上，就是源于他人的忌妒和诋毁。

近代以来，曾国藩很被人们所推崇，作为一个领导者，他就是一位超然于毁誉之外的高手。他身居高位，一生面临的诋毁和赞誉同样多。他曾经作了一首诗，名为《赠沅浦九弟四十一生辰》：“左列钟铭右谤书，人间随处有乘除。低头一拜屠羊说，万事浮云过太虚。”这首诗正是对曾公当时处境的真实描述，他虽然身居高位，一生戎马，但得到的诋毁和赞誉同样多。于是他在诗中豁达地调侃自己，书桌上左边放了一大堆褒奖令和奖状，右边则是很多具有攻击性的传单。而曾国藩的心性也在这一褒一贬间获得了平衡，超然于世俗的评价之外，不为所累。

世间的是是非非很难有个公断，每个人心中都有一把衡量是非的尺子，多了这一头，就会少了另一头。也许人心是最好的算盘，永远在算那些是是非非的加减乘除，却还是算不清那些世间账。

沉默有时是对诋毁最好的还击

人们在遭受他人诋毁时，往往很难抑制住反击的冲动。但如果真的予以回击，就好比仰头向空中吐一口痰，不但不能污人，反而会污了自己。面对诋毁，保持沉默更能让清者自清，浊者自浊。

禅宗祖师爷达摩禅师品德高贵，在传道授业解惑时深得世人敬仰，然而诋毁总是伴随着盛名而来，他同样遭到一些人的忌妒，那些人四处传播谣言，想要毁掉达摩禅师的名节。一日，达摩禅师正在讲禅，一个人走到他面前，当着众人的面毫无缘由地破口大骂。然而不管那人如何无理取闹，言语如何恶毒，达摩禅师只是面色平静地注视着对方，一言不发。过了好半天，那人终于骂累了，停了下来。达摩禅师这才开口轻声说道："我的朋友，如果有人要送礼物给你，但你不愿意接受，那么请问，这份礼物属于谁？"那人想也没想脱口而出："既然我不愿意接受礼物，那礼物自然还是属于送礼的人。"达摩禅师听了，微微一笑说："你刚才的言辞我也不接受，那么，请问这些谩骂之词又属于谁呢？"达摩禅师的一席话让那人愣住了，他一言不发地呆坐了好一会儿，真心醒悟了自己的过错，并向达摩禅师道歉，发誓再也不会说人坏话。

听了人们对旁人的赞美或诋毁之词，不要妄下判断，应该通过自己的体会和理解来做决定。毁誉绝对不是衡量人的唯一标准。另一方面，如果有人攻击自己或恭维自己，也不要去管。常言道，物极必反。过分的言辞，无论是称赞还是诋毁，都是不足以让人信服的。。

身为领导，永远处于世事的风口浪尖。面对赞誉或诋毁，执着于外物，争吵不休，不过是虚度光阴。面对外界的种种诋毁和中伤，无需反击，无需辩驳，时间会证明谁是最后的赢家。心若不动，管它沧海桑田。

南怀瑾先生很认同孔子的一个观点，即"斯民也，三代之所以直道而行也"。也就是说，夏、商、周之所以能够持续三代，就是因为他们不轻信毁誉之词，以正直之道而行于世。

·2·

先自知，才能知人

老子在《道德经》中曾说，“知人者智，自知者明”，这句话算得上是“人贵有自知之明”的最早表述了，意思是说一个能够清醒地认识自己、客观地看待自己的人是十分聪明和难能可贵的。领导是一个团队的核心人物，一举一动都会对整个团队产生影响，身为领导，若无自知之明，就容易根据一己好恶来做决定，很难做到知人善任。

南怀瑾先生说，知人易，自知难，这是一个关系到领导修养的大问题。古往今来，很多领导都容易犯一个错误——感情用事。欣赏喜欢一个部下时，恨不得把所有好的东西都给他，觉得他做什么都是对的；反之鄙夷讨厌一个部下时，觉得他做什么都是错的，也就是孔子在《论语》颜渊篇中所说的“爱之欲其生，恶之欲其死”。如此看来，如果一个领导不能看清自身的缺点，就容易从自身利益出发去评判是非对错，很难站在团队的角度去考虑问题，从而作出对集体有利的决定。

提高道德修养才能自知

兵法上讲“知己知彼，百战不殆”，这和做人的道理其实是一样的。

翻开历史的画卷，我们能清楚地看到，但凡能成大事的人都是非常看重道德修养的，因为有高尚的仁德，所以能明辨是非善恶，不感情用事，对工作尽心尽力，信守承诺，言行一致，在关键时刻作出正确的决定。

战国初期齐国的相国邹忌就是一个很有自知之明的人，《战国策》中《邹忌讽齐王纳谏》有关于他的记载，说邹忌是一位身高八尺、容貌艳丽的美男子，一天，他穿好衣服分别问妻子、小妾及从外面而来的客人，自己与和城北的另一位美男子徐公谁更美丽，均得到了“徐公不如您美丽”的答案，直到自己亲自见到徐公，才发现自己不如徐公美丽，甚至相差甚远。他认真琢磨此事，得出这样的结论：妻子认为自己美，是因为爱自己；妾认为自己美，是因为敬畏自己；而客人认为自己美，是因为有求于自己，而并非自己真的比徐公美。于是他上朝拜见齐威王时说：“我知道自己没有徐公美，但是我的妻子爱我，妾怕我，客人有求于我，均说我美于徐公，如今您贵为天子，齐国方圆千里，宫中妃子没有不爱您的，朝中大臣没有不怕您的，全国百姓没有不有求于您的，可见，大王受到的蒙蔽要比我深得多！”

齐威王听了邹忌的话，下令广开言路，纳忠言，日日自省，终成一段佳话。而邹忌能够认识到自己的不足之处，从生活中的一件小事追根溯源地思考造成这种结局的原因，与他自身注重提高道德修养是分不开的。也正是因为拥有宽容大度的君子风范，又敢于剖析自己、承认自己的不足之处，他才能帮助齐威王出谋划策，修订法律，监督官吏，严明赏罚，推荐人才，使齐国国力逐渐强盛。

领导也是凡人，手中没有一下就能照出自身优缺点的魔镜，很多时候不能全面地了解自己，透彻地认识自己，所以就要不断地提高自身的道德修养，明确为人处世的原则，以撇开自身的好恶，从对整个团队有利的角度去思考问题，作出对集体有利的决定。

自知者方可知人

知人善任是一个好的管理者必须具备的素质，而只有那些能够充分认识自己的领导才能真正做到知人善任，否则就会颠倒是非，不分黑白对错。只有充分认识到自己的优劣之处，知道自己哪里强于别人，哪里弱于别人，才能在正确的时机把大任交给承担得起的人。

汉高帝刘邦就是一个有自知之明且知人善任的人，他建立汉朝之后总结自己的取胜经验时说："论运筹帷幄之中，决胜于千里之外，我不如张良；论抚慰百姓，粮草供应，我又不如萧何；论领兵百万，决战沙场，百战百胜，我不如韩信。可是，我能做到知人善用，发挥他们的才干，这才是我们取胜的真正原因。"

再来反观当时以勇猛著称的项羽，他只知自己骁勇善战，而不知自己不善于谋略，很明显他并不是一个有自知之明的人。而在用人方面，他侮辱韩信，错失良将，又气走陈平，猜忌范增，最后成了"孤家寡人"，以至于后来被刘邦以"项羽有一范增而不能用，此其所以为我擒也"来评价。

南怀瑾先生认为，真正的富有不只局限于财富的富有，道德学问的修养是无形、无价的财富，所以拥有崇高的人格修养和内心的安详，能够自知且能够知人，何尝不是一笔财富呢？要想成为一个成功的领导，努力提升自己的道德修养，做到自知且知人是十分必要的。

·3·

分寸之拿捏，是一门艺术

南怀瑾先生在《论语别裁》中讲了曾国藩让幕友王湘绮回家的故事。当时曾国藩所带领的湘军在与洪秀全作战的时候已经开始有败军的迹象，这时候王湘绮要请假回家，曾国藩事务繁忙就忘了批王湘绮递上来的假条。一天晚上曾国藩有事去找王湘绮，看到王湘绮正在专心看书，半个时辰都没有发现自己，第二天就莫名其妙地允了王湘绮回家的请求。有人问他："为什么突然决定让王湘绮回家？"曾国藩说："我昨天晚上去找王湘绮，发现他看书半个时辰都没有翻动过书，可见他并没有真的在看书，而是在想回家的事，既然王先生去意已决，无法挽留了，朋友之道，不能勉强，还是让他回去好了。"

这个故事就说明长官对部下或者朋友相处，都要恰到好处，如果过分，那么朋友会变成冤家。做领导也是如此，凡事都要把握好度，拿捏好分寸，须知，做事过了头就跟没有达到一样，都是不合适的。

南怀瑾先生在讲到做人做事的时候曾经说过，"亢龙有悔"，"亢龙"是高亢。他说的这点很重要，值得每个人注意。做人做事，不要过头，过头就是亢；只知道进而不知道退，只知道存而不知道亡，只知道得而不知道失，就是亢。所以我们要懂得“进退存亡得失”六个字。其实总结起来，南怀瑾先生的思想就是古人所推崇的“中庸”之道，凡事如果不注意把握分寸，做过了头，必然会走向反面，这样反而不好。若以利他之心待人接物，不偏不倚，就可做到恰到好处。

做事有度，过则为灾

有人曾经把生活比喻成走钢丝，能够顺利走到头的关键就在于把握好度，否则不是向左边偏斜就是向右边偏斜，若偏斜过度，极有可能摔落地上，只有那些善于把握平衡的人才能够安然走到终点。其实，为人、经商、做官都是如此，只有善于把握好做人做事的分寸，才能无往而不利。

关于做事时分寸的拿捏，颜回和鲁定公有一段对话十分发人深思。有一次，鲁定公饶有兴趣地问颜回：“先生，您听过东野毕很擅长驾马吧？”颜回回答：“擅长是擅长，但是他的马将来一定会跑掉。”鲁定公听了很不高兴，心想：东野毕擅长驾马是众人皆知的事，颜回却说他的马会跑掉，看来，君子也是会诬陷别人的。然而，没过几天，畜牧官跑来向鲁定公禀报说东野毕的马不听使唤，挣脱缰绳，跑到马厩里去了。鲁定公大惊，忙召来颜回问个究竟。颜回说：“臣是以政事推测出来的。以前，舜帝善于使用民力，造父擅长使用马力。舜帝不穷尽民力，造父不穷尽马力，因此在舜王那个时代，没有避世隐居或是逃走的人，而造父手下，也没有不听指示逃离的马。但现在东野毕在驾马的时候，虽然骑着马，拿着缰绳，姿态很端正，驾马的缓急快慢、进退奔走也很合适，只是当经历险阻到达远方之后，马已经筋疲力尽了，他却仍然对马责求不止，臣是从这里推想到的。”

鲁定公听了颜回的分析，受益匪浅，虽然舜王政事与东野毕驾马没有什么关系，但是道理却是相同的，也就是说，凡事物极必反，过头了反而会成为灾难。当领导的也要明白这个道理，不能过分苛责下属，否则就会逼走那些能干的员工，落得孤家寡人的下场。

人生需要张弛有度

从小到大，老师和家长都会告诉我们，压力就是动力，要我们每个人对自己施加压力，以防在学习的过程中输给别人。然而，一个永远拉满的弓必将有断裂的一天，一个永远踮起的脚跟必将有累倒的一天，人生需要张弛有度，不可则止，切勿矫枉过正。作为企业的管理者，在很多方面掌握着企业的命运，如果不懂得这个道理，对自己对他人都过分强求，很容易适得其反。

圆谷幸吉是日本的田径运动员，他在1964年东京奥运会1万米竞走中获得第六名，后又在压轴项目马拉松比赛中获得铜牌。这对当时在田径运动上从来没有获得过奖牌的日本来说，无疑是一件天大的喜讯，圆谷幸吉因为这两次比赛中的突出表现一下子成了日本媒体争相报道的民族英雄。回到家乡，乡亲们不但热烈为他庆祝，防卫厅长官还特意为他颁发了“防卫特别贡献奖”。然而，福之祸所伏，祸之福所倚，圆谷幸吉成名之后，感受到了前所未有的压力，面临即将到来的墨西哥奥运会，他的身体也不合时宜地难受起来。在调养期间，他看到在福冈举行的奥运会选拔赛，连第二名的成绩都超过了东京奥运会冠军阿贝贝，逼人的形势使他焦急万分。面对国人的殷切盼望、亲人们满含厚望的目光，圆谷幸吉深感担不起国民的重托，于1968年1月9日，在宿舍自杀身亡。这个年仅28岁、正处在人生大好年华的长跑明星，在无法承受的重压下以一封遗书交代了自己的生命。他说：“父母亲大人：幸吉已经筋疲力尽，跑不动了。请原谅我吧！”

这是一个因不懂得张弛有度而引发的悲剧，南怀瑾先生在解析老子的“企者不立，跨者不行”时说：一直踮起脚尖是站不了多久的，跨开大步走路也是暂时的，不可能持久。我们要想追求中庸之道，就要试着修身养性，提高自己的修养，才能遇喜不过分喜，遇悲不过分悲。在职场中也是如此，凡事过分严格和过分松散都是不可取的，我们应该找到一个平衡点。

·4·
把握忠诚的尺度，过忠即是迂腐

美国著名的文学家富兰克林说，“如果说生命力使人前途光明，团体使人宽容，脚踏实地使人现实，那么，深厚的忠诚感就会使人生正直而富有意义”。然而，凡事过犹不及，忠诚也要保持在合理的尺度内，过度的忠诚不但不能为公司带来利益，反而会使公司停滞不前，从这层意义上来说，过分的忠诚就是迂腐。

南怀瑾先生曾经引用曾子的话来剖析为什么领导不能要求员工过分

地忠诚，原话是："用师者王，用友者霸，用徒者亡。"这句话很值得企业领导借鉴，南怀瑾先生解释说，如果领导对待下属像周武王对待姜太公一样，将其尊为尚父，这就是"用师"，表明做领导的非常谦虚，找一个"师"来"用"，便可天下称王；如果领导对待下属像齐桓公对待管仲、刘备对待军师诸葛亮一样，将其放在一个平等的位置上看待，这就是"用友"，表明做领导的对待下属十分恭敬，找了一个"朋友"来"用"，便可称霸天下；最后，如果一个领导对待下属像是对待徒弟那样，处处好为人师，专找那些过分忠诚、绝对服从命令、从不敢违背领导意思也不敢提出自己见解的人，这样的领导最后必然落得"亡"的下场。

有条件和限度的忠诚才会长久

忠诚是一个正直的人必须具备的良好品质，一个缺乏忠诚的员工，就算能力再出色也不会得到领导的重用和提拔，因为不忠诚就意味着不把自己当作企业大家庭中的一分子，心都不在岗位上，就算能力再突出，又能为企业作出什么成绩来？但是，真正忠诚的员工绝不是唯唯诺诺、只会点头称是的人，也不是溜须拍马、处处曲意逢迎的人，而是不卑不亢、懂得审时度势、有自己独立思想、敢于发表不同见解、心里装着团队的人。毫无疑问，标榜绝对忠诚、喜欢下属言听计从的领导，也只能培养出善于察言观色、虚伪敷衍的下属。

1995年3月7日，珠海市瑞进电子公司的韩国老板金珍仙让全体员工下跪的事件曾经引起轩然大波，当时那个叫孙天帅的24岁小伙子宁死不跪的精神感动了不少人。孙天帅为了捍卫中国人的尊严坚决不下跪，我们能说他是一个没有忠诚心的人吗？不能。至今我们谈论起来，还无不气愤填膺地指责那个韩国女老板有违人性的无耻要求，而孙天帅被郑州大学现代管理学院录取之后，凭借自己的实力和捍卫人权的勇敢，被调任《大河报》行政区读者服务中心主任，掌管200多名发行员，每天负责近7万份报纸的投递。

孙天帅在事业上之所以能有如此大的成就，就在于他的忠诚，他知道自己该忠诚的对象是自己的国家和自己的做人原则，所以面对韩国老板不道德的要求时才会坚持不下跪，也因此赢得了国人的尊重。

忠和愚忠，只差一个字，结局却大不相同。无论我们如何提倡和鼓励忠诚，都不可否认，忠诚是有条件和限度的。首先，按劳计酬是忠诚的起码条件，员工也是普通人，要考虑柴米油盐酱醋茶，要穿衣服、住房子，如果一个企业或者领导只让员工干活而不给任何报酬，只一味提倡无私奉献而不考虑员工的生计如何维持，那么这种忠诚必然不会长久，这样的公司只会逼得员工被生活所迫另谋生计。其次，尊重员工的人格和自由是忠诚的必要条件。若把员工和企业之间的雇佣关系比作一场交易，那么员工出卖的只是自己在工作时间内的劳动力，无休止的无偿加班、对员工进行言语侮辱甚至人身攻击等行为都是终止员工忠诚的“核武器”。随着社会的发展，企业之间的竞争越来越偏向于人才的竞争，一个需要员工忍受身心伤害的公司怎么可能培养出员工的忠诚心呢？

认清忠诚的对象才能谈忠诚

谈论起忠诚，初入职场的人或许会有这样的疑惑，到底是该忠于某个领导还是忠于公司呢？毫无疑问，答案应该是后者。只忠于某个领导是小忠，若忠于的领导是个道德败坏、品行不佳的人，那么小忠就变成了愚忠；而能够为公司、为团队尽忠职守的人，才是真正忠诚的人。

现在职场中时常出现这样一种现象，某些特别擅长讨好奉承的员工只忠诚于自己的直接领导，把领导的话当作“圣旨”去执行，就算明知道领导的一些行为会损害整个公司的利益也不指出来，甚至不惜出卖自己的人格为虎作伥，这种人所表现出来的忠诚就不是真正的忠诚，而是为了一己私利、实现自身晋升所刻意作出的巴结奉承行为，这种所谓的忠诚也并不能为企业带来任何益处，反而损害公司的利益。

东汉末年吕布帐下的谋士陈宫就是一个愚忠的人，他正直有远见，智谋可以与曹操相比。他起初跟随曹操，后来因为曹操误杀吕伯奢却没有悔改内疚之心而与曹操决裂转投吕布，开始辅助吕布对抗曹操。他深藏韬略，刚正不阿，却对吕布忠心耿耿。吕布是一个有勇无谋且人品低劣的武夫，他曾经因为一匹赤兔马而杀害自己的义父丁原。陈宫这样一个国家栋梁，就这样明珠暗投跟了吕布这样一个主子。后来，在形势危急之际，吕布因不听陈宫的劝告而最终兵败，二人一道被曹操擒获。当时曹操怜惜陈宫的才华，感念他的旧恩不忍杀他，希望他能同自己一起共襄大业，而陈宫却一心与主同死，曹操无奈，只好随了他的心愿。一代英杰就此陨落，后人每每看到此节，无不扼腕叹息。在这里，陈宫的忠就是只忠诚于自己的直接领导，而不是忠诚于百姓和国家，若他当时能够跳出这个误区，为天下苍生考虑，以天下为己任，必然不会决意赴死，而是会先保全自己，留住性命为国家和百姓尽忠。

忠诚是一门学问，这其中大有文章。南怀瑾先生说，作为一个领导，如果下属都给你鼓掌，都说你的话正确，都对你竖起大拇指，你可就要好好考虑一下了。

·5·
要有推功揽过的气度

身为领导，居于一个团体的核心位置，要有推功揽过的气度。《菜根谭》中有一句教人为人处事的话，即：“当与人同过，不当与人同功，同功则相忌；可与人共患难，不可与人共安乐，安乐则相仇。”意思是说，在现实生活中，我们要有和别人共同承担过错的雅量，而不能有和别人共同分享功劳的念头，因为共同分享功劳会引起彼此的猜疑嫉妒；同样地，应该有和别人共同渡过难关的胸怀，而不能有和别人共同享受安乐荣华的念头，因为共同享受安乐荣华会造成彼此间相互仇恨。

南怀瑾先生在谈及领导的艺术时说：“领导者要能够担当，对自己的错误不要推卸责任，更不要推给下属；即使下属犯错了，也要敢于帮下属承担。一个成功的领导者，要担负起所有人的痛苦，绝对不把自己的痛苦放在别人的肩头上。”

诚如南怀瑾先生所言，当领导是一门艺术，一个真正成功的领导十分懂得笼络人心，只有那些不把过错全部推给别人、不把功劳全部揽给自己的领导才会让人心甘情愿地跟随。否则，下属就算表面上谦卑恭顺，内心也不一定真的信服，一有合适的机会就会相继离去，而领导只能落个兵离将别的下场。

推功得民心

在集体活动中，将功劳推给别人是一种难能可贵的人生境界，一个肯将功劳推给别人的人一定是一个厚德载物、有宽容心、大智若愚的人，这种行为传递的是一种荣辱与共的信念。因此，身为领导，尤其应该如此，当团队作出成绩的时候，要将成绩分与众人，激励大家一起进步，让团队中的每个人都劳有所得，踏踏实实地干事。这样才能鼓舞士气，赢得民心，才能提高大家工作的积极性，形成“千斤担子众人挑，齐心协力共提高”的良好工作氛围。

东汉著名的征西大将军冯异就是一个处事谦虚退让，不居功自傲，时常将功劳推给别人的人。《后汉书·冯异传》和《资治通鉴》均有记载，说冯异居功至伟，在多年的行军作战中，为刘秀建立东汉王朝立下了汗马功劳，但每当将军们一起坐下讨论谁的功劳最大时，冯异常常独自一人躲避到大树下，因此在军中得名“大树将军”。然而，真正的功劳是自己推不掉的，也是别人抢不走的，德厚必然流光，冯异将军谦逊内敛、推功与人的品行深得士兵们的钦佩，等到攻破邯郸，重新分配任务给将领们，让士兵们自主选择将领的时候，大家都说想要跟随“大树将军”。

冯异虽然没有以自己的赫赫战功夸耀于人前，但是光武帝刘秀却对他的贡献了然于心，封他为阳夏侯，任征西大将军。汉明帝刘庄封他为“云台二十八功臣”之一，将士们尊称他为“大树将军”，后人更将他的战功连同他高尚的品德一遍遍说与子孙听。相比较现实中那些当大家一起取得成绩的时候率先往自己脸上贴金，只顾自我标榜，忽视他人贡献的人，冯异将军的行为才是真正聪明的人应该做的，才能够收获意想不到的惊喜。

揽过安天下

在工作和生活中，和推功同样难能可贵的就是揽过，揽过就意味着承担责任，意味着吃亏，这与人类趋利避害的本性是相反的，所以揽过也是十分考验一个人品德修养的处事原则。要想成为好的领导，一定要敢于引过自责，不问诸水滨，否则在推卸掉了责任的同时也将推倒民心和已有的成就。

三国时蜀汉开国皇帝刘备就是一个敢于替属下揽过的人。赤壁之战后，曹操败走华容道，被派去伏击曹操的关羽念及旧恩放走了曹操。面对军师诸葛亮和江东盟友鲁子敬的问责，刘备率先站出来揽过，说：“云长违反了军令，就当依法从事，军中无父子，法律大如天，但是，我们兄弟三人桃园结义，早已誓同生死，二弟如此，也有我管教不严之过，身为兄长，我应该先走一步。”说罢，作势拔剑自刎。也正是刘备的侠肝义胆、深情厚谊，赢得了关羽一生誓死追随。盖世英雄关羽曾经对诸葛亮说：“关某一生只敬三物，其一是天，其二是地，其三便是我大哥刘玄德，大哥的仁义之心，与天同高，与地同宽。”

豫剧《村官李天成》中有一段耳熟能详的吃亏歌，其中有两句话说得很符合现实：“当干部就应该常吃亏，常吃亏才能有所作为；当干部就应该多吃亏，多吃亏才能有人跟随。”身居高位的领导，面对好名声和荣誉时，不要试图一个人独占，要学着与属下分享，这样才不会被人嫉妒和算计；如果碰到不好的名声或者错误的时候，不要想着全部推给别人，而要想着揽到自己身上来，这样才能在下属中树立威信，培养出一批忠肝义胆的追随者，组建一个向心力强、忠诚度高、所向披靡的刀尖团队。

一个推功揽过的领导，用南怀瑾先生的话说就是，一切都要敢为人先，就像孔子所说的那样“先之，劳之”，当有艰难困苦、危险错误的时候，自己要往前站，率先担负起责任来；当有利益功劳、声誉功名的时候，要主动推让给他人。这也就是老子说的“外其身而后身存”，实际上最后成功的还是自己。

·6·
常拭心境，眼见也未必是真

“耳听为虚，眼见为实”这句古训被当作至理名言教育了一代又一代人，然而在现实生活中，由于受到各种各样的限制，我们只能看到事情的一部分，没有办法了解到事实的全部，正所谓“目不可信，心不足恃”，很多时候面对一件事情，我们不能完全相信自己所看到的，要用心去感受。

南怀瑾先生曾经借用孔子的话来向人们讲述只有常拭心境才能更加清醒的道理。他说“人莫鉴于流水，而鉴于止水”，意思是，水流动的时候不能照到自己的影子，而只有当水静止的时候才能被当作镜子来用。人的心就像一股流水，心里若波涛汹涌不停息，就不能悟道，不能看清事情的本质，也不可能得道。人要想认识自己，必须除去心中的杂念，常常擦拭心中的镜子，才可以明心见性，去掉外在的修饰，看到事情原本的质朴状态。

这个社会上的信息很多都是复杂多变的，人们犹如盲人摸象般探索着这个纷繁的世界，需要了解更多的情况和不同的现象。作为企业的管理者，在处理问题时，不能因为看到了事情的一角而轻易下结论，那样只会犯管中窥豹、以偏概全的错误。要用心去观察、去体会，多方面综合考察，才能对事情做定论。

以眼看人，圣人也会犯错

我们都喜欢和习惯用眼睛去看事情，然后立即作出评判，以为自己亲眼所见便不会有假，殊不知，以眼看人，即便是圣人也有犯错的时候。

孔子是春秋战国时期的政治家、教育家，也是儒家学派的创始人，他的思想影响了中国几千年，被后人称为圣人，万世师表。关于眼见不一定为真的问题，孔子和他的弟子颜回曾经发生过一件被人津津乐道的事。

相传孔子被困于陈蔡之间的时候，七天没有吃过米饭。他的弟子颜回从外面讨回来一些米煮饭，当米饭快熟时阵阵饭香飘进了孔子的鼻子，他闻香寻到厨房，远远看见颜回竟然用手抓取锅中的饭吃。孔子大为不悦，但是仍然装作没看见，等颜回进屋请孔子吃饭时，孔子故意说："我梦到祖先了，应该拿这些清洁的食物先祭祀他们。"颜回则忙阻止道："不行，刚才有灰尘掉到锅里了，我抓了出来，扔掉总不太好，所以自己吃掉了，但是这些饭食还是不够清洁，不足以拿来祭祀祖先。”孔子这才知道刚才颜回以手抓饭先吃的原因，反省道：“原以为眼见为实，谁知实际上眼见的未必可信；凭借内心的想法来衡量事物，到头来也不一定可靠。看来要借由一些事物来知道一个人的为人，也真的是不容易啊！”事后，他以此事告诫弟子，所信者目也，而目犹不可信；所恃者心也，而心犹不足恃。

圣人孔子尚有被双眼蒙骗的时候，何况是我们普通人呢？所以，在职场中，当领导的不能因为看见某个员工哪一次做了让自己不满意的事情，就给这个员工贴上“否定”的标签，而是要多了解，多观察，用心感受，才有可能真正地了解一个人。

悲剧往往发生在“眼见为实”里

伟大领袖毛主席说，没有调查就没有发言权，就是在告诉我们，很多时候，很多事情并不像我们看到的那么简单，不深入调查了解就不知道事实的真相。然而，在人心日益浮躁的现代社会，一些不明就里就敢信口开河的人为数不少，殊不知，悲剧往往就发生在我们自以为是的“眼见为实”里。

深山中住着一户人家，有一天，男主人上山打猎，女主人去山上摘野果，留有一个刚满一岁的孩子在家睡觉，五岁大的狗在家看门。中午时分，男女主人回到家，发现家里到处是血，而儿子一直在屋里狂哭不止。夫妻二人立即感觉大事不好，他们猜想会不会是狗兽性发作咬了自己的孩子，这时狗听到主人回来的声音，急忙跑来迎接。夫妻二人看到狗嘴上都是血，更加印证了刚才的猜测，顿时气氛不已，不由分说地对着狗开了一枪，狗应声倒地，挣扎了两下就死去了。等男女主人怀着悲痛的心情趔趔趄趄地来到屋里时，发现炕头边上躺着一只奄奄一息的野狼，而孩子在襁褓中毫发无损。他们这才反应过来，原来狗并没有伤害孩子，反而救了孩子，他们错杀了狗，然而后悔已经来不及了，他们看着不远处狗的尸体恸哭起来。

中国有句老话：人心不同，各如其面。全世界有几十亿人，都是两个眼睛，一个鼻子，两个耳朵，但是却没有完全相同的两个人，即便是双胞胎也是如此。很多时候，当一对长得相似的双胞胎出现在人们面前时，我们用眼睛并不能分辨出来，但如果我们静下心来，用心去感受，就会发现他们的思想、个性其实是不同的。南怀瑾先生认为，天下事没有一件是“必然”的，尤其在处理大事时，更是如此，盖棺尚且不可定论，眼见怎么就敢肯定为实呢？

·7·
做个“甩手掌柜”，多一些领导，少一些管理

领导的最高境界是“无为而治”，也就是做一个“甩手掌柜”。子曰“先行其言，而后从之”，意思是说，真正的君子不能只说不做，而应先

做后说。只有先做后说，才可以取信于人。当领导更是如此，要把行动摆到言论前面，示范给众人看，大家才会信服。这就要求领导在管理别人之前先做好自我管理，起到模范带头作用，做员工的榜样，而不是时时刻刻地盯着下属管这管那，总的来说就是，多一些领导，少一些管理。

南怀瑾先生认为，做领导是一门艺术，说难也难，说简单也简单，关键就在于用人。高明的领导只要掌握大方向，剩下的事情可以交给别人去做。说白了，就是放手放权。你对别人放心，才能有闲心考虑那些你应该考虑的大事。坦白来说，一个事无巨细的领导是比较令人讨厌的。

一个企业越大，内部的员工越多，需要耗费在管理上的人力和财力也就越多。这个时候，做领导的如果不注意有效沟通，天天开会，事事过问，就容易耗费彼此的时间。因此，事必躬亲对于一个大公司的领导者来说，既没有那个能力，也没有那个必要。

正人先正己，身正令才行

聪明的领导者都知道，与管理下属相比，引领指导下属更重要。一个领导如果能够正身正己，以身作则，那么下属才会对其心悦诚服。正所谓“强将手下无弱兵”，一个英勇的将领部下是没有软弱无能的士兵的。从管理者的角度来说，就是一个好的领导能带出一支好的队伍，因此一个团队强弱好坏的关键还在于领导。

汉末三国的杰出军事家曹操在带兵打仗方面颇有天赋。他治军一向严明，在行军途中要求将士们做到鸡犬不惊，秋毫无犯，有违令者，一律斩首示众。因此，每次行军士兵们总是下马步行，唯恐践踏了百姓的麦田。

然而，有一次行军路上，曹操自己的战马因为受到惊吓而踩踏了百姓的麦田，曹操立即下马要求属下斩了自己的头颅以正军威，文臣武将们见状，跪倒一地以三军不可无主帅为由请求曹操对自己手下留情，曹操无奈只好割下自己的头发代替脑袋作为惩戒，并且要求将士们将自己的头发传示三军，以示警告，可见曹操执法之严明。

曹操在乱世当中之所以能够景从云集、显赫一时，与他会做人、会做领导有很大的关系，是故“以身教者从，以言教者论”，一个好的领导，只有以身作则，才能领导大家共同奋斗。

无为而治，管理的最高境界

当领导最忌讳的就是乱指挥，凡事亲力亲为，这样很容易让属下缩手缩脚，无所适从。更何况，术业有专攻，领导们高高在上，并没有深入工作第一线，有时候对一些的情况并不一定比员工更熟悉，如果胡乱指挥，下属碍着领导的面子又不敢指出来，只会南辕北辙，给公司带来不必要的损失。

老子曰“我无为，而民自化”，意思是管理者不做太多干涉，下属会自然变的顺化。所以，无为而治才是管理的最高境界。但是，这里的无为而治并不是指什么也不做，而是不过多的干预，顺其自然，充分发挥下属的创造力，做到自我实现。

历史上将无为而治做到最好的管理者当属西汉的开国功臣曹参。汉惠帝即位曹参被任命为丞相，也就是西汉的第二位丞相。曹参十分赞同第一任丞相萧何的治国策略，他深知汉朝刚刚建立，人民饱受战乱之苦，迫切需要休养生息，发展经济。因此实施仁政，轻徭薄赋，让百姓们自行安定的管理方法很符合当时的社会大环境，于是他审时度势，继续使用“清静无为”的策略，遂留下了“萧规曹随"的佳话。

南怀瑾先生很赞同儒家“先之，劳之”的言论，他认为，领导要率先垂范，一切为人之先，在困难、辛苦面前要率先担当，在利益方面要先让于他人，自己累了的时候要率先考虑一下员工是否也累了。这就像老子所说的“外其身而后身存”，欲正人先正己，这样才能赢得下属的敬重，才能获得最后的成功。

·8·
烧好当官三把火

通常情况下，新领导上任，干劲都比较大，一般会先做几件有声有色、轰轰烈烈、让众人信服的事，使自己在新岗位上站稳脚跟，树立威信。于是，新官上任三把火便成了大家对新上任领导的期待和领导对自己的要求。那么，新上任的领导，到底应该烧好哪三把火呢？

南怀瑾先生很赞同孔子所说的“不患无位，患所以立”，他认为，一个人不怕没有地位，就怕没有什么东西能让自己站得起来。因此，要想有地位，就要建立根本，用道家的话来说就是要立德、立功、立言。

立德就是指树立道德，即提高道德修养，给人们树立道德方面的榜样。对领导来说，对企业保持忠心就是最大的道德，如果拿着企业发的薪水而对企业不忠，任他再有才干，也不能在人前树立起威信来；立功的意思是为人民做好事，作为企业领导，当好伯乐就是对公司、对员工最好的事情，既能帮公司选拔人才，又能给“千里马”一个用武之地，可以说是一件立功的事情。立言，就是以救世之心著书立说，在管理上就是要树立权威的言论，当领导的要将权力和责任分配到具体的人，也就是权责明确，说一不二。

忠诚是信任的前提

忠诚是领导获得公司或者下属信任的首要前提，那些肯与公司共进退，把所从事的工作当做自己毕生的事业来经营的人才能在公司获得一席之地，他们会在言谈举止间将这份忠诚传递给下属，下属自然会回报以敬重、爱戴。相反，那些心像浮萍一样，只能与公司同甘而不能与公司共苦，公司稍有点运营不畅就撂挑子走人的人，很难得到别人的尊重，更别说赢得公司的信任了。翻开历史画卷，那些朝秦暮楚，卖主求荣的人哪有几个会得到好下场?

关羽是三国时期的重要将领，他对刘备的忠心是他多年来一直备受国人推崇的原因，人们尊称他为关公，关老爷。建安五年，曹操攻打刘备，关羽战败被擒，不得已归顺曹操，但是立下三条约定，其中最重要的一条就是“一旦知道兄长的下落，天涯海角即与之相会”。曹操为了留下关羽，蹲下身去亲手为他提鞋，赏他金银珠宝、美女酒肉，还将吕布那匹能日行千里的赤兔马赏赐给他。但遗憾的是，曹操的恩德并没有暖化关羽的心，当他得知刘备在袁绍手下当幕宾后，不惜舍弃金银珠宝，过五关斩六将去寻找刘备。望着关羽远去的背影，曹操只能无奈地感叹道：“财富不能动其心，爵禄不能改其志，生死不能改其行，天耐其何！”

关羽也因为忠诚深得当世诸侯们的喜爱，就连“宁可我负天下人，不可天下人负我”的曹操也说“宁愿关羽与我为敌，也不忍杀他”。企业中也是一样，忠诚是一切的前提，一个能干的人若是没有品德，越能干越会做坏事，这不叫贤人，叫奸人。

领导贵在知人善任

对于企业领导来说，立功和立言的过程简单来说就是发现千里马和任用千里马的过程，用一个词来概括就是知人善任。所谓知人，就是识别千里马；善任，就是明确权责，任用千里马。真正聪明的企业领导一定是虚怀若谷的人，那些妒贤嫉能、不敢将权力下放给员工的领导很难做到发现人才，合理利用人才。

三国时期蜀汉的开国皇帝刘备是一个知人善任的领导，他出身低贱，虽然有着“皇叔”的头衔，但却以织席贩屦为业，当曹操挟天子令诸侯坐拥半壁江山的时候，刘备还脚无寸土，兵不过万，将只有关张赵。他之所以能抗衡曹操，建立霸业，主要是因为他是一个知人善任的人。当年他三顾茅庐请那年仅二十七岁的诸葛亮出山并承诺终身奉他为师，足以表明他是一个慧眼识千里马的伯乐。伯乐有了千里马，自然如鱼得水。

此外，除了能够慧眼识英才之外，刘备还特别敢放权，会放权。他深知“用人不疑，疑人不用”的道理，充分相信诸葛亮的忠心，将军中大事一概交给诸葛亮处理，他知道诸葛亮在谋略方面远胜于自己，却不像有些嫉贤妒能、害怕下属“功高震主”的领导一样，不敢放权给下属。因为放权过多，结义兄弟张飞、关羽有些不高兴，时常对诸葛亮的军令比较怠慢，刘备则以身作则，明确权责，说：“既然将权力交给了军师，连我在内的所有人都得听从军师指挥，违令者斩！”当张飞和关羽对诸葛亮表现出诋毁和不尊重的时候，刘备总是义正词严地告诫他们：“要是再有诋毁军师的话传来，我当即砍掉自己的耳朵。”因此，刘备的军队军纪严明，对百姓更是秋毫无犯，所到之处，民心归附。

刘备文不如诸葛亮，武不如关张赵，然而，他在蜀军中的威望甚高，就是因为他会做领导。南怀瑾先生曾经说过，做领导就应该“己欲立而立人，己欲达而达人”，就是说，你要能自己站起来，也要能使别人站起来；你自己将来要通达、有前途，也不能忘记别人的前程。

·9·
集思广益，博采众议

聪明的管理者都知道，对于企业来说，决定成败的不是资本，不是技术，也不是市场，而是善于运用人才。正所谓“管理之道，唯在用人”，任何一个想要在竞争激烈的商潮中独占鳌头的企业，都要认识到人才在企业发展中的重要作用。人才是企业发展的最核心要素，也是推动企业健康发展的力量源泉，只有拥有了充足的人才，企业才能实现真正意义上的发展。

南怀瑾先生博古通今，深谙帝王之道，对现代领导学也是领悟深邃。关于如何做领导的话题，南怀瑾先生给出过诚恳的答案，他说："真正的领导者就是善于用人的人，不一定自己什么都懂得。就像孔子所说的那样，'多闻，择其善者而从之'。"

然而，如何用人又有不同，古语有云："上君集人之智，中君集人之力，下君司其之职。"意思是说，昏庸的君主刚愎自用，只认可自己的治国才能，因此只用独自一人的能力去治理国家；普通的君主则有用人的意识，会用众人的气力去治理国家；只有真正贤明的君主才懂得利用众人的智慧来治理国家。可见，成为贤明君主的关键就在于是用自己的能力去治国，还是集众人的智慧去治国。把这句话用在企业管理上，就是要求管理者能够集思广益，博采众长。

借人者强，借智者王

竭尽自己所能去做一件事情是没有错的，但是作为一个领导者，只擅长发挥自己的优势还远远不够，尤其是在竞争对手十分强大且人才辈出的时候更是如此。因为一个人无论多么强大都是很难战胜一个团队的，很多工作需要借助别人的能力才能完成。人的智慧和力量是无穷无尽的，尽己之能不如尽人之力，尽人之力远不如尽人之智，所以古人早已为英明的领导制定出了等级标准。

隋朝的开国皇帝杨坚也是一位善于集人之智的圣明君主。杨坚即位后励精图治，选贤任能，废除了之前选拔人才所采用的九品中正制，开创科举考试制度，从此选官不再问出身和门第，只要是真正有才能、有智慧的人，他都给予参加考试的机会。他还规定各州每年向朝廷选送三人，参加秀才、明经等考试，合格者录用为官。科举制度的开创为中国此后数千年的人才选拔产生了深远的影响，为国家选拔人才提供了范本。科举制度还顺应了历代庶族地主在政治上得到应有的地位的要求，缓和了他们与朝廷的矛盾，使他们忠心拥戴统治者。

高明的领导不仅能善聚众力，更能善集众智。隋文帝杨坚任人唯贤，博采众议，结束了自西晋末年到隋统一前近三百年年的分割割据状态，实现了自秦汉以来中国的又一次统一，使北方民族大融合，南方经济发展，开创了历史上辉煌的“开皇之治”，成就了一代伟业。

兼听则明，偏信则暗

历史上凡是有所作为的君主，都是善于听取各种意见的人。作为领导，不能被内心的自负情绪和小人的谗言蒙蔽双眼，要多听取大众的意见，全面了解情况，才能明辨是非，作出正确判断。若只相信单方面的话，就成了偏听偏信，必然会犯片面性的错误。

三国时蜀汉的丞相诸葛亮是一个娴熟韬略、多谋善断、长于巧思的人，他还十分注重集思广益，博采众长。庸弱的蜀汉后主刘禅继位后，蜀国的大小事务都落到了诸葛亮身上。诸葛亮智慧过人，近乎千百年来智慧的化身，在蜀汉军民心中威望很高，但他并没有因此而恃才傲物，相反，他不矜不伐，十分注重听取部下的意见。为了鼓励文武官员在处理军国政事时踊跃参与，他主张群策群力，博采众议，还亲自写了一篇文告来号召文武百官积极主动地发表政见。这篇文告就是《教与军师长史参军掾属》。他在文中写道：让大家都来参与议论国家大事，是为了集中众人的智慧和意见，广泛地听取各方面有益的建议，从而取得更好的效果。

正所谓“兼听则明，偏信则暗”，身为领导，要善于集中众人的智慧为企业效力，而不能认为自己一切都强过别人，所有事情都可以一手包办。南怀瑾先生说，那些没有见过大世面的人才会觉得自己处处都比别人强，古往今来，能够站在顶峰的人，总是觉得自己很平凡，因为学问深时意气平。俗语说，“半罐水叮当，满罐水不响”。如果觉得自己很了不起，比别人都高明，那就离失败不远了。

·10·
明罚、明赏，皆为学问

现代企业的管理存在一个弊病，即很多管理者认为管理就是处罚。其实不然，优秀的管理者能够严格区分管理和处罚的界限，并且将明罚、明赏的领导艺术熟练运用到管理中来，以提高管理效率。我们都明白，惩罚并不是最终的目的，企业真正的目的是激发员工的工作热情，提高工作效率。

南怀瑾先生在《历史的经验》中多次提到赏罚的问题，他说，政治上最重要的就是“赏罚”两个字，能够做好赏罚其实并不容易，历史上很多人都容易在这两个字上犯错误。他借用张仪游说秦王的一段话，即“言赏则不与，言罚则不行，赏罚不行，故民不死也”来剖析赏罚的作用，意思是说，如果领导说了要赏，可是不给真正的赏赐，那么说的赏就是没有用的；如果领导说了要惩罚，可是没有彻底去执行，那样也是没有用的；如果说了赏罚却都不执行，就会给大家一种马马虎虎的感觉，时间长了，大家都没有责任感了，所以就不肯做事了。

俗话说“无规矩不成方圆”，管理者要想得人心而成其事，就需要御人有道，明罚、明赏皆是学问。商朝末年的政治家姜太公曾经说过：“明罚则人畏慑，人畏慑则变故出；明赏则不足，不足则怨长。”意思是说，刑罚太严明，国人就会被弄得战战兢兢，提心吊胆，人整天处在这种状态就会生出变故，反而要出乱子。一有贡献就奖赏，动不动奖赏，容易诱发不满足的心理，不满足就会滋长怨恨，久而久之就会反目成仇。因此，贤明的君主治理国家，一定会把握好赏罚的力度。

赏罚信明，施与有节，记人之功，忽于小过

东汉著名的文学家班固在《汉书》中写道：“赏罚信明，施与有节，记人之功，忽于小过。”意思是说，惩戒和奖赏都应该明确且有信用，说一不二，同时还要有节制，不能滥用赏罚。对人的功劳不能忘掉，即便是小功也是如此，因为小功不赏则大功不立；而对人的小过失应该宽容，因

为小怨不赦则大怨必生。

东汉末年杰出的政治家曹操就是一位赏罚分明的人。袁绍败后，其帐下的大文学家陈琳被曹操所擒，陈琳曾替袁绍撰写《讨贼檄文》一文来痛骂曹操，因此曹操帐下的文武官员纷纷劝其杀了陈琳，但是曹操爱惜人才，并没有听从大臣们的劝告。在审讯陈琳时曹操说："你骂我也就骂了，可是你为什么要连我的三代祖宗一起骂上，他们跟你什么仇怨？"陈琳无奈道："当时我是袁绍帐下的幕宾，食君俸禄，自然要为君办事，无奈只能以笔代刀痛骂丞相。"曹操听了，立即让人释放了陈琳，并说："感谢你当时的一阵骂，畅快淋漓，当时我头风发作，正是你的一篇文章给我骂好了。"事后，曹操不但没有杀陈琳，反而蹲下身去为陈琳打掉膝盖上的土，并赏金赐银，将其招为己用，陈琳感动得当场表示愿意归顺曹操。

曹操惜才如金，赏罚分明，不计前嫌，最终赢得人心，吸引一大批有才能的人士追随效力。当领导的若能学习曹操的处事艺术，在企业管理的过程中一定能够受益匪浅。

为政者不赏私劳，不罚私怨

古往今来，关于赏罚的争论除了该人治还是法治之外，更深入的讨论就是是否应该公私分明。《左传》有云："为政者不赏私劳，不罚私怨。"意思是说，当权者不能无缘无故地赏赐对自己有恩惠的人，也不能借故惩罚与自己有私仇的人。简单地说，就是提醒为官者不能假公济私，借职务之便徇私枉法。

三国时期蜀汉的丞相诸葛亮就是一个公私分明的人。马谡是他最喜爱和器重的学生，每遇战事常常垂询于马谡并与之交谈到深夜。建安六年，诸葛亮北伐时任命马谡为前锋镇守街亭，当时街亭对于蜀魏两国来说都十分重要，马谡到了街亭后不听诸葛亮的事先嘱托和参军王平的诚恳劝告，非要将大军驻扎在没有水源的孤山上，后来魏军围而不攻，导致蜀军干渴难耐，兵力大减，最后兵败而痛失街亭。诸葛亮知道后，百感交集，老泪纵横，虽然痛心疾首、难以割舍，但还是挥泪斩了马谡以正军威。诸葛亮拭干眼泪，又下令封赏了临危不惧、英勇善战、敢于直谏的副将王平，并破格擢升他为讨寇将军。

诸葛亮不以喜爱马谡而有罪不罚，也不以王平和自己关系一般而有功不赏，还因为用人不当而请求自贬三级，一品丞相降为三品右将军，在世人心中留下深刻的印象，而“挥泪斩马谡”一事也被当作赏罚分明的典范千古传颂！

一代圣君唐太宗在《贞观政要》中说：“国家大事不过是赏罚而已。”企业之中同样如此，身为领导，应该赏罚兼施，恩威并重，并且将二者有机地协调起来，适时适当的奖赏对下属能起到肯定、激励和鼓舞的作用，必要适当的惩戒能起到纠正、禁止和威慑的作用。

Part 3

身居高位，以知人晓事二者为职

——南怀瑾谈用人原则

关于如何用人，南怀瑾先生曾经借用古代圣贤曾子的话“用师者王，用友者霸，用徒者亡”来提醒当今的领导者。他说：“领导要能够倾听接纳不同的声音，能够知人，而要想做到知人，首先自己就要是个拥有智慧的明白人。”那么，怎样才能成为一个明白人呢？17世纪英国的哲学家培根认为，读史可以明智。由此可见，要想成为一个会用人的领导，就要广泛学习历史，借鉴他人的经验教训。

·1·
疑人不用，用人不疑

南怀瑾先生在《庄子讲记》中提到明朝最后一个皇帝崇祯，他是一位亡国之君。为何亡国？一切皆因他刻薄、多疑，南怀瑾先生评价崇祯为“克核大至，则必有不肖之心应之，而不知其然也”。历史上但凡最终成功的人，都有豪爽的大将之气。身为领导，如果生性刻薄、多疑，对自己的下属疑神疑鬼，注定在成功的道路上走不了多远。

所谓“疑人不用，用人不疑”，一旦决定任用某人，就要信任他的忠心，相信他的能力，这样才能同心协力把工作完成得更好，而不是把时间和精力耗费在没有意义的猜忌当中。

打破猜疑才能稳固社稷

历史上反复上演着两件事，一是功高盖主，二是封官加爵。前者处理得当，皇帝能有可靠的左臂右膀，天下苍生安乐祥和；处理不当则会引发战乱，祸国殃民。后者处理得当，则大家团结一心，国力强盛；处理不当则会亲朋反目，骨肉相残。归根结底，这都与领导者是否有猜忌之心有关。

冯异是刘秀手下的一员大将，他不仅对刘秀忠心耿耿，还骁勇善战，几乎很少打败仗。当时刘秀转战河北，行军到饶阳时遭到敌人埋伏，矢尽粮绝，饥寒交迫，眼看就要落败，这时冯异将手中仅存的干粮献给了刘秀，帮助他摆脱了饥饿的困境，后来刘秀又在冯异的支持下称帝。冯异很有军事天赋，治军有方，又为人谦和有礼，每次诸军将领相聚，各自夸耀战功的时候，他总是一个人远远独避于大树之下，因此得名“大树将军”。

冯异长期驻扎在河北、关中一带，深得民心，成为刘秀政权在西北地区的屏障。冯异权倾一时，深得刘秀赏识，同时也引起了同僚的忌妒。一个名为宋嵩的使臣曾四次上书，诋毁冯异已生异心，在关中掌握重兵，百姓归心，甚至得了一个“咸阳王”的名号。

冯异深谙人情世故，明白自己远离朝廷，又手握兵权，担心被刘秀猜忌，于是几次三番上书，请求刘秀让他回洛阳。刘秀内心深处对冯异也有些不放心，但西北地区当时局势混乱，少不了一个像冯异这样的人为他“看门护院”。为了打消冯异的顾虑，刘秀将宋嵩上书告发冯异的密信送到了冯异手中。身为君主，这一招委实高明，既表明了对冯异深信不疑的态度，又暗示冯异朝廷中对此已有议论，可谓恩威并施。冯异赶忙上书陈表忠心，刘秀这才回信道：“将军之于我，于公义上讲是君臣，于私恩上讲如父子，我怎会对你猜忌？你又何须担心呢？”

冯异能自保，固然与他洞悉人性的为人处世有关，但刘秀身为一国之君，能够放下猜疑，做到真正的“用人不疑”也实属不易。身为领导，面对才干突出的下属要给予一定程度的信任，这样才能让下属回馈以更多的信任，更加心甘情愿地为之效劳。

洞然不疑，不念旧恶

好的管理者必须善于用人，而善于用人的前提是必须充分信任他人，否则再能干的人才也无用武之地。如果一开始就怀疑某人，那就不要任用他；而一旦任命某人，就要放手让他去做，你只需抓大放小，做好保障工作。

唐太宗有句名言："为人君者，驱驾英才，推心待士。""推心待士"指的是对任用的人才要推心置腹，予以信任。这是因为唐太宗以史为鉴，吸取了隋文帝用人多疑的教训，在用人上采取了"洞然不疑"的态度。

唐太宗用人不疑，心胸豁达，是名垂青史的千古明君。他的用人不疑可谓登峰造极，对所任用的疏者乃至"昔仇"也洞然不疑。武德年间，唐太宗刚刚收降了刘武周手下大将尉迟敬德，迟手下就有两个将领叛逃了。当时军中谣言四起，很多人猜测尉迟敬德肯定也会叛逃，甚至没有请示唐太宗就将他囚禁于牢中，并且几次三番劝告唐太宗赶快杀掉他。唐太宗非但没有杀他，反而将他放了，还召他进书房，好言好语地宽慰他，与他把酒言欢，临别前还赠送了黄金珠宝。尉迟敬德被唐太宗的坦诚和信任所感动，当场立下誓言要"效犬马之劳"。果不其然，在日后李唐主打江山时，尉迟敬德为其夺位立下了汗马功劳。

正所谓"善将将"，一个刻薄多疑的人是很难得到他人的辅助的。个性多疑，下属就会觉得没有得到尊重和信任，而洞然不疑则会赢得别人的忠心。在现实生活中，上司与下属之间很容易产生误会，形成隔阂。有谋略的领导应该懂得使用巧妙的方法向下属展现自己用人不疑的气度，这样才能让下属更加努力地工作。

·2·

求贤若渴，不拘一格降人才

时代发展到今天，企业之间的核心竞争力越来越表现为对人才的拥有和运用，可以说，人才是决定企业发展成败的决定性因素。一个想要在同类企业中出类拔萃的公司若失去了人才这一不可或缺的资源，将很难得偿所愿。龚自珍诗中的“我劝天公重抖擞，不拘一格降人才”，这两句话能够流传千年，足以证明人才的重要性。既然如此，对于身居高位的管理者来说，发现和选拔人才也就当仁不让地成了考验工作能力的重要指标。

南怀瑾先生就十分注重对人才的培养，他一生不贪图功名利禄，只为重整中国文化断层不断地奔走、呼吁。他说，国学可以培养出学以致用、治国安邦的人才，所以自己才如此热衷于提倡国人对国学的学习。

微软公司创始人比尔·盖茨曾经说过，如果可以让我带走微软的研究团队，我可以重新创造另一个微软。可见，对于比尔·盖茨来说，创业过程中最重要的不是金钱，不是名望，而是人才，正因为有这些业界精英陪他一起攻坚克难，才有了后来闻名世界的微软公司，才创造了连续十多年福布斯全球富翁榜排名第一的纪录。

管理之道，唯在用人

历史一直在反复地验证着一个真理：但凡能够取得辉煌成就、流芳百世的君王，没有一个是不爱才的。打天下也好，治理国家也好，只有求贤若渴、爱才如命的圣主明君才能作出一番成绩来。企业管理也是如此，企业就相当于小国家，而企业的领导自然就像国家的君主，只有那些知人善任的领导才能将企业管理好。

“一沐三握发，一饭三吐哺”的典故来自于殷切求才的政治家周公，他亦是礼乐制度的制定者，同时还是以孔子为代表的儒家学派最推崇的政治典范。相传周公唯恐失去天下贤人，每次有贤人求见都迫不及待地接见。更有甚者，为了不让贤才久等，他洗一次头都要握着尚未梳理的头发数次跑出来招待他们，吃一次饭也要吐掉口中的食物数次出来迎接他们，因此后人也常用“握发吐哺”来形容在位者对人才的重视。东汉的大思想家、政治家曹操更是以“周公吐哺，天下归心”来称赞周公礼贤下士的德行。

生活中随处可见的经验教训总会时刻提醒我们，决定国家兴亡、民族发展的重要资源是人才，特别是在各行各业竞争都十分激烈的今天，无论是经济的竞争，还是科技的竞争，归根结底都是对人力资源的竞争，真正能够赢到最后的企业，都是十分注重人才培养及运用的企业。换句话说就是，得人才者得天下。

君子爱“才”，取之有道

想要有所建树的领导必然十分重视人才，而重视人才的领导就必须善于发掘招揽人才。关于选拔人才的方法，前人提供给我们的参考并不多，古代的科举、孝廉、推荐等如今都转化为形式单一的高考。在这种选拔人才的制度下，人们很容易陷入一个误区，认为高考成绩很好、名校毕业的就是人才，完全忽视了“高分低能”这一常见的社会现象。于是，一些企业领导在招聘人才时往往只看学历，学历不达标者，无论有才无才，一概拒之门外。殊不知，三百六十行，行行出状元，分数和学历不能说明一切，那些没有上过大学但在工作岗位上表现突出的大有人在。

尽管现代人尊古贱今的思想严重，但是我们不得不承认，“80后”青年作家兼导演韩寒就是一个低学历的天才。他高中未毕业就开始写作，多次在全国新概念作文比赛中获奖，并一度将此前每期销量不足万份的杂志《萌芽》提升至每期销量几十万份，后来他出版了小说《三重门》，一时间洛阳纸贵，该书累计发行了200多万册，是中国近20多年来销量最大的文学类作品。少年成名之后的韩寒并没有志得意满、停止不前，而是关注政局时局，常常站在百姓的角度写一些为民请命的文章，深受广大文学爱好者的喜爱。2014年7月24日，由韩寒首次担任编剧和导演的电影《后会无期》上映，得了6亿多元的票房，这个成绩甚至超过了很多在电影圈混了很多年的大导演。

这个世界一切都在改变，选拔人才的方式自然也应该随之改变，那种抱着原来的思想，非要将学历当作招揽人才的门槛的企业和领导很容易错失真正的人才。如果你是汽车销售公司的领导，现在有个学历低的销售能手，你能说他不是人才吗？如果你是一个快递公司的领导，现在有个身强力壮能吃苦耐劳但是学历很低的搬运健将，你能说他不是人才吗？遇到这种特长对口的人才，错过只能是公司的损失。

南怀瑾先生常说，千金易得，一将难求。作为企业的管理者，在推进各项事业运行的过程中只有善于发现招揽人才，破格选拔人才，才能为企业的发展注入源源不断的新动力。

·3·
爱之欲其生，恶之欲其死

“爱之欲其生，恶之欲其死”出自《论语·颜渊》，意思是说，当我们喜爱一个人的时候，总想叫他好好地活着，当我们讨厌一个人时，总希望他立即死掉。很明显，这句话是指一种极度地凭个人爱憎对待他人的社会现象。从管理学的角度来说，就是指领导任人唯亲，喜欢一个下属的时候，总是千方百计地提拔他，觉得他做什么都是好的；讨厌一个下属的时候，总是处心积虑地压制他，觉得他做什么都是错的。

南怀瑾先生在《论语别裁》中说过，“爱之欲其生，恶之欲其死”是人类最大的缺点、最大的愚蠢，但这两种绝对矛盾的心理人们经常会有。因为我们为人处事的时候，要做到不受别人的蒙蔽并不难，最难的是不受自己的蒙蔽。所以，爱的时候不有恃无恐，恨的时候不根株牵连，才能成为一个真正的明白人。

由于受传统观念的影响，任人唯亲仍是目前众多国内企业在管理人才时最容易犯的错误。在一些企业中，那些重要岗位上总是充斥着形形色色的“皇亲国戚”，不管是否有才，都能耀武扬威，发号施令，让企业变成一个企业不像企业、家不像家的地方，这样一来，企业连能否长久生存下去都成了问题，更没有什么工作效率可言。

凭爱憎用人终将走向失败

历史上，凭借自己的爱憎来选拔干部的领导基本上都会被冠上“昏庸”的帽子。其实，若与自己关系亲近且有真才实学的人被委以重任倒是正确的，“举贤不避亲”就是对这类人的褒奖，而真正让人所不齿的，多半是指领导提拔那种能力很弱但却与自己关系很近的人。

历史上有勇无谋，因爱憎用人而酿下大祸的人首推三国时期的大将吕布。当年吕布夺了刘备的立足之地徐州之后，被曹操的离间计给蒙蔽，以为刘备和曹操联手想要图自己的徐州。当时吕布身边有两位小人，即陈登、陈硅父子。二人知道吕布爱憎不分，喜欢听好听话，于是邀功讨好，极尽谄媚，很快赢得了吕布的欢心和信任。而吕布身边的军师陈宫是个聪明人，他一眼就看出了陈登、陈硅父子的谦卑作态是居心不良，知道他们一直奉承吕布是有所图谋，于是请求吕布将二人赶出徐州。然而，已经听惯了恭维话的吕布哪里肯听陈宫的劝告，他不惜得罪陈宫也要留下陈登、陈硅父子，并对他们委以重任。后来，事情果然不出陈宫所料，吕布率军攻打驻扎在小沛的刘备时，随行的陈硅悄悄逃走，而留守徐州的陈登也背叛了吕布，当吕布大军返回徐州的时候，陈登命令将士们不准打开城门，不让吕布进城。就这样，号称勇猛无敌的吕布只能领军败逃下邳，从此大事休矣。

当时的吕布，手上方天戟，胯下赤兔马，军中精兵过万，又有智谋过人的陈宫辅助，若他肯听从陈宫的劝告远离陈登、陈硅父子，或许不至于落到如此地步。然而，他亲佞远贤，不纳忠言，最终不但断送了自己的前程，也断送了自己的性命。当领导的尤其要注意这一点，很多时候，那些没才能且道德败坏的小人会装成一副忠心耿耿的样子来作威作福，正所谓“大奸似忠”，若不提高修养，擦亮眼睛，用心去认识一个人，就会很容易被蒙蔽双眼，为自己带来不必要的麻烦。

知人不易，自知更不易

英明的领导懂得扬长避短、知人善任，然而，知人不易，自知更加不易。若知道自己有“爱之欲其生，恶之欲其死”的毛病，那么还可以及时改正，然而很多人都是在不知不觉中就犯了这样的用人错误，等有所反醒的时候已经为时已晚。因此，一个领导若要知人，先要自知；若要自知，就需要时常注意提高自己的修养，学习用人之道。

三国时期的袁绍是一个彻头彻尾以爱憎来用人的人，他十分没有主见，常常朝令夕改。田丰是他的谋臣，对他忠心耿耿，当袁绍听从了另一个谋士许攸的劝告要去攻伐曹操的时候，田丰以时机未到为由力谏袁绍休兵。然而，袁绍不听劝告，仍然一意孤行，还将田丰贬为马夫。后来在进军的途中，田丰再次直言相劝袁绍“妄兴大兵，恐有不利”，袁绍听后大为恼火，觉得田丰这时还说丧气话是扰乱军心，加上许攸在旁边煽风点火，于是一怒之下直接把田丰关进了大牢。后来，与曹操初战告败后，有人想起了当初田丰的谏言，向袁绍请命放了田丰，许攸又在旁边添油加醋说田丰在牢里嘲笑主公，袁绍立即怒气冲冠，想都没想就传令赐死了田丰。后来，许攸的儿子贪污军粮，袁绍开始怀疑许攸，许攸因为田丰的前车之鉴害怕步其后尘而背叛袁绍，投靠了曹操，并教曹操乌巢劫营，将袁绍杀的片甲不留，这场战争以袁绍的大败而告终。

袁绍祖上四世三公，手下拥兵百万，且占领了天下一半以上的疆土，可以说是三国时期起点最高的诸侯，照理说，最终夺取天下的应该是他，然而他昏庸无道，听信谗言，随意斩杀大臣，最终落下兵败身亡的下场。

对于企业管理者来说，怎样用人，用什么样的人，是一个事关重大的问题，应该跳出自身好恶之外，放眼企业未来，摒弃用人上的“唯亲”观念，克服人性中“爱之欲其生，恶之欲其死”的弱点，这样才能在遇事时做出正确的判断，激发和调动员工的热情，齐心协力为企业效力。

·4·

光明与阴暗，了解人性的正反面

唐代诗人白居易的《太行路》中有两句话发人深思，“太行之路能摧车，若比人心是坦途。巫峡之水能覆舟，若比人心是安流”，翻译过来就是：太行山上的道路崎岖险峻，不管多坚固的车辆上去都不能保证完好无损，但是和险恶的人心比起来那就算是平坦的大道了；巫峡的江水非常地汹涌湍急，不论多平稳的船只都会给打翻，但是和险恶的人心比起来那就算是安静祥和的水流了。可见，世间最难捉摸的就是人心。

南怀瑾先生在讲解《庄子》时，特意强调了“意有所至而爱有所亡”，他想通过这句话告诉我们一个做人的道理：任何人都有自己的意志，当用主观的方法去做一件事时，什么也无法改变他的想法和认知。所以，即便有时候你为一个人着想和考虑，那人却并不一定知道和领情。可见，人与人之间是很难相处的，无论夫妻、父母、同事还是朋友，都需要掌握技巧。

人是世界上最复杂的动物，有人的地方就有善良和丑恶，就有光明与阴暗，就有刻薄与宽厚。人性变化莫测，可以美丽若天使，也可以凶残如恶魔，因此在与他人的相处过程中，只有了解人性的正反面，才能找到最适合的方式和距离。企业是人的集聚地，管理者在用人的过程中更要清楚人的优点和弱点，掌握与人相处的技巧，这样才能合理地调解人际关系，让全体员工在融洽的氛围中为公司效力。

距离产生美

庄子认为燕子是一种比较聪明的鸟儿，它深知人既不能离得太远，又不能靠得太近。珍禽猛兽害怕人，总是躲得远远的，人们就会搭伙结伴去深山猎捕它们；家畜家禽不怕人，完全被人豢养和左右，人们就随意杀掉它们来吃，可见离人太远和太近都会引来无端的杀戮。而燕子就住在人的屋檐底下，与人保持着适当的距离，既亲近人又不受人控制，所以才能安然地度过一年又一年。这大概就是我们常说的“距离产生美”，人与人相处更是如此，彼此之间只有保持适当的距离，才能相互包容和理解、进退自如、不受牵绊。

许攸是东汉末年有名的谋士，他与袁绍、曹操是幼时的好友。早年他跟随袁绍在其帐下当谋士，后来其子贪污军粮引起袁绍的猜忌，许攸考虑到袁绍是一个没有主见且肆杀大臣的主公，于是转投曹操。官渡之战中，许攸为曹操带去了极其重要的军情，并且在关键时刻教其乌巢劫营，使其大获全胜，为其进军北方立下了汗马功劳。然而，立下大功的许攸逐渐忘记了做臣子该有的本分，他开始居功自傲，不再注意与曹操保持距离，多次直呼曹操小名“阿满”，逢人便说曹操与自己小时候的丑事，还多次得意地问曹操：“如果没有我许攸，汝能进得了这冀州城乎？”许攸傲慢无礼，口无遮拦，看不清当前的形势，不知道自己与曹操在地位上已然悬殊，最终激怒了曹操的手下许褚将军，被其斩杀。曹操知道这件事后，表面上怒不可遏，暗地里却十分开心。

许攸此人，聪明但是骄傲，能言善辩但是口无遮拦，与领导关系近但是不懂得保持距离，最终给自己惹来了杀身之祸。在一个企业中也是如此，人性如同一幅“双面绣”，光明与阴暗之间并没有明确的界限，只有保持适当的距离，不至于太冷漠而关系疏间，又不至于太亲昵而关系粘腻，如此才能很好地保护自己，不至于被对方人性中恶的一面伤害。

勇敢果敢者，患在险害

关于人性的正反面，东汉末年的政治家荀悦曾经进行过详细的论述，他说：“人之性，有山峙渊渟者，患在不通”，一个稳如山岳、太持重的人，做起事来往往不能通达权宜；“广大阔荡者，患在无检”，过分宽大的人，遇事又往往不知检点，流于怠惰简慢，马马虎虎；“勇毅果敢者，患在险害”，那些做事有冲劲、有干劲的人，也有相反的一面，他们容易因为冲动而造成危险的祸害。因此，要重用一个人的某个长处，也要知道他的反面有什么缺陷，这样才能达到知人善任的目的。

建安二十年，刘备已经夺取了益州等地，但是并没有按照原先的约定把荆州归还给东吴，孙权多次派鲁肃去索要荆州都没有得到满意的答复。孙权及江东将士对刘备等人深恶痛绝，然而为了抵御强大的敌人曹操，孙刘两家又必须以大局为重，维持“孙刘联盟”的完好，不能撕破脸皮，东吴只好把苦水往肚里咽。

孙权是三国时期的大英雄，连曹操都很敬佩他，说：生子当如孙仲谋。可是在当时的形势下，孙权为了顾全大局想要屈尊与关羽结为儿女亲家的时候，关羽不但不同意，还出言不逊地说：“吾虎女安肯嫁犬子乎！”这件事彻底激怒了江东将士，尤其是新继任的大都督吕蒙，对关羽更是恨之入骨。吕蒙化仇恨为力量，勇冠三军，无视陆逊及孙权的极力劝阻，将关羽逼入绝境并将其杀死。他此举虽然打了胜仗，却因为自己的不识大体为东吴引来了蜀汉复仇的利剑，使国家陷入危难之中。而关羽也因为不识大体，葬送了自己的性命不说，还丢弃了蜀汉重要的城池荆州，以致诸葛亮每次北伐都因为千里北上粮草难运而发愁。

南怀瑾先生说，历史上的大奸臣都懂得“意有所至而爱有所亡”之妙，所以总是避免碰触君臣相处的禁区，因为即使你心怀社稷、一腔忠诚，也难免因一时的劝谏惹来日后的杀身之祸。奸人尚且能通过辨识人性的光明与阴暗而获益，何况正人君子呢？只要弄懂了这个道理，就可以更巧妙地为人处世、成就大业了。

·5·
推己及人，不要对下属吹毛求疵

从目前我国企业内部人员组成结构上看，管理者基本上都是领导者，然而，并不是所有的领导者都具备有效的管理能力。做事不能推己及人，不愿设身处地地为下属考虑，凡事太过吹毛求疵等，都是现代企业领导者常犯的错误。

古人云："君子莅民，不可以不知民之性，达诸民之情；既知其以生有习，然后民特从命也。"意思是说，一个有学问、有德行的人，在管理百姓时，不可以不知道百姓的本性，不了解百姓的心理，只有知道了他们先天的情理和后天的习惯，百姓才能彻底地服从政令。治理企业同样如此，只有知道下属所思所想，理解他们的畏惧和担忧，他们才会心悦诚服地为领导者所用。

南怀瑾先生说："'知不知'也是人生的厚道之处，尤其是做长辈的，或者做校长的，抑或是做领导的，有时候要学着'知不知'，人就是人，有时候犯一点小错误，你也要偶尔装作看不见，下一次他就不会错了。‘知不知’就是真聪明，假糊涂。”南怀瑾先生的这种思想与郑板桥的“难得糊涂”其实是一个意思，都是希望上司能够宽容地对待下属，要学会推己及人，理解下属的困难和处境，不能看到下属的一点小错就上纲上线、揪住不放。

将心比心才能万众归心

中国上下五千年的朝代更迭给我们留下了一个深刻的教训，即“得民心者得天下，失民心者失天下”。所谓民心，就是人民大众的拥护爱戴之心，智慧的古人告诉我们：民心向背，天下存亡。只有懂得体察民情、愿意和下属将心比心的领导，才能得到人们的支持。相反，那些不关注下属死活、只一味给下属下达任务的领导，只会逼得下属与其离心离德。

宋朝的第四位皇帝宋仁宗就是一个擅长推己及人的贤明君主，相传他天性仁孝，对下属宽厚和善，时常站在百姓和下属的角度考虑事情。他知道百姓最希望天下太平，经济繁荣，尤其是在经历动荡之后，于是命令官员们不可扰民，要轻徭薄赋，与民休息以保养民力，此举深受百姓欢迎。仁宗的宽厚除了用来对待百姓之外，还用来对待自己的官员，那个刚正不阿、敢于纳谏、被后人尊称为青天的包拯，就是宋仁宗所创下的清明宽松的政治环境下的产物。正是因为宋仁宗大度、包容，包拯才敢直言进谏，甚至喷仁宗一脸唾沫星子，每每此时，宋仁宗总是一面用衣袖擦脸，一面还宽宏地接受他的建议。仁宗之所以包涵至此，是因为他能将心比心地站在包拯的角度去思考问题，知道包拯是一个铁面无私且尽忠职守的人，之所以敢时常与自己针锋相对，正是因为自己的民主和圣明所致。

宋仁宗的宽厚仁义赢得了万民的信服，在封建时代，他是千年难得一见的圣主明君，被后世历史学家们尊称为“守成贤主”，他也因为自己的高尚品行开创了“仁宗盛治”。宋仁宗驾崩后，百姓自动停市来哀悼他，焚烧纸钱的烟雾弥漫了整个洛阳城，以致“天日无光”。

水至清则无鱼

这个世界上，并非所有的事情都可以辩个“非黑即白”，所有人都不可能一辈子不犯一点错误。身为管理者，若能设身处地地为下属考虑一番，把人情放在原则的前面，有些自己都做不到的事情，不去过分要求下属做到，那么下属心中的天平自然会向你倾斜。

俗话说，“水至清则无鱼，人至察则无徒”，意思是说，水太清澈了鱼会无法生存，人要是太明白了就会没有朋友。这句话常常用来比喻做事要把握好尺寸，过了反而会达不到应有的效果。

三国时期蜀汉的开国皇帝刘备就是一个深谙此理的人，当初曹操挟天子令诸侯，发了一道假诏给刘备要其去讨伐南阳的袁术。当时刘备占据徐州，如果听从曹操的号令离开徐州率军去攻打袁术，则徐州城中空虚，很可能被人趁机抢占。然而，他自称刘氏正统，曹操的命令就是天子的命令，他不得不从。出发前，刘备命其三弟张飞留守徐州，为了防止张飞守城不利，他特意为张飞立下严命，“一不可饮酒致醉，二不可暴怒任性，三不可打骂军士”。张飞嗜酒如命又喜怒无常，表面上答应得好好的，待大军一走，转眼间就忘了刘备的军令。他不但喝酒闹事，打骂将士，还因为心中的愤怒打了吕布的表弟曹豹。曹豹去吕布那里告状，吕布怒不可遏，一气之下开始率大军攻打徐州。此时的张飞因为酒醉未醒加上毫无戒备，没怎么反抗就丢失了这唯一的根据地。若是平常的主公，张飞犯了这么大的过错，早就将其斩首示众了，但是刘备并没有这么做，他不但不怒，反而过来安慰张飞，说："徐州本就不属于我们，丢失了也是天意。"刘备知道，杀了张飞也于事无补，不但徐州回不来，他还会因此失去一员猛将，失去一个生死兄弟。他不责备张飞，反而加以抚慰，张飞自然会更加感恩戴德地为其冲锋陷阵，同时，别的将士看在眼里，也会感念刘备的仁慈，这样做的结果明显比抓住张飞的错误不放来得更好。

在公司中，每天大大小小的事有很多，动动嘴就能解决的问题千万不要去动气。南怀瑾先生曾经说过："做领导的第一个修养就是容忍。有些领导对下属管得太琐碎了，这就不行；还有一些领导，喜欢吹毛求疵，眼睛总是盯着下属的缺点，这更不好。领导者度量要大，能够对下属'有理取闹'的行为包容原谅。再有，下属各有短长，领导者如果希望大家都与自己一个样，那事情就不要做了，也不可能做成。领导者要宽容他者，严于律己。"

·6·

用人唯长，将人才放在正确的位置

时代发展到今天，我们对人才的定义已经宽泛许多，不再只指那些文有计谋、武有韬略的人，但凡在某方面有突出才能、被放置在合适的位置上能作出贡献的人都可以被称为人才。因为每个人都有长处和短处，在用人问题上用其所长，就会使人的潜能得到充分发挥，让其在自己所擅长的岗位上为公司效力。所以，对于管理者来说，只会招揽人才已经远远跟不上时代的要求了，还要学会用人唯长。

南怀瑾先生就十分注重人才的选拔和任用，他认为，选择人才的时机，人才的人品、道德、能力、意愿和处境等因素都要考虑。最重要的是，要让合适的人去做合适的事。这就跟木匠选择木材一样，取其所长，避其所短。巨木高耸入天，几个人都难以合抱，用来做筷子也是可惜，然而，即便只有几尺短木，优秀的木匠也能找到它的用武之地。

正所谓“尺有所短，寸有所长”，一个人能作出什么样的成绩，能发挥多大的用处，除了与其自身能力有关之外，还要考虑其是不是被放在了合适的位置上。因此，英明的领导者应用人之长，唯才是举，扬长避短，因能而授职。

君子不器，各取所长

被世人尊称为“天可汗”的唐太宗认为“君子用人如器，各取所长。人之所能不可兼备，弃其所短，取其所长”，领导用人是否得当在很大程度上影响着员工工作的积极性、主动性和创造性。因此，圣明的领导选用人才，不能像使用器具一样单一，而应该善于发现和利用下属的长处。人不可能处处都优秀，所以领导要做的不仅在于帮助他克服短处，更在于最大限度地发挥他的长处。

历史上能做到重视人才且用人唯长的国君首推汉高帝刘邦，作为中国第一位平民出身的天子，他在楚汉之争中做得最漂亮的事就是把人才放到了合适的位置上。他与萧何是年轻时的好友，他知道萧何勤奋好学，思想机敏，对历代律令颇有研究，且性格随和，很善于识人，于是让萧何抚慰百姓供应粮草；他知道张良机智聪颖，文韬武略，顾全大局，胸怀国亡家败的悲愤，所以封张良为留侯，时常按照张良的计谋行事；他知道韩信治军严明、用兵灵活，所向披靡，于是任用其作战方略，拜其为大将军、左丞相，让其领军作战。最终，刘邦击败项羽，大获全胜，一统天下，建立汉朝。他总结自己取胜原因的时候说：“论运筹帷幄之中，决胜于千里之外，我不如张良；论抚慰百姓，供应粮草，我又不如萧何；论领兵百万，决战沙场，百战百胜，我不如韩信。可是，我能做到知人善用，发挥他们的才干，这才是我们取胜的真正原因。至于项羽，他只有范增一人可用，但对他又有所猜疑，这是他最后失败的原因。”

通过刘邦对自己的总结，我们可以看出，他是一个懂得将人才放在合适位置上的人。两国交战，人才的正确使用已经如此重要，那么在现在这个竞争十分激烈的时代，行业之间诸多企业的交战，更要注意这个问题。

放错位置的人才就是庸才

正所谓“前事不忘，后事之师”，历史的可贵之处就在于可以让后人以前人为鉴，少走弯路。很多历史经验表明，人才放对了位置是人才，放错了位置很可能就成了庸才，将庸才委以重任，后果可想而知，不但不能为团队效力，还可能给团队带来极大的损失。

马谡是三国时期蜀汉丞相诸葛亮最看重的人，以学生身份侍奉在诸葛亮左右，被拜为参军。他为后人所知基本都是因为失守街亭而被诸葛亮挥泪斩杀的事，但他其实也是一位“才器过人”的人才。他好论军计，可以算是蜀汉文官中出类拔萃的佼佼者，连后来接替诸葛亮为丞相、被称为蜀汉“四英”之一的蒋琬，也称赞马谡为“智计之士”。当年曹魏五路大军讨伐蜀汉，把东吴之军算作了第五路。就在孙权是战是和摇摆不定之际，诸葛亮派马谡前去游说东吴，希望孙刘联盟不破。在这个过程中，马谡临危不惧，与孙权斗智斗勇，堪称精彩绝伦，最终用自己的才智为蜀汉守住了联盟。然而，马谡的才能在游说和出谋划策上，并不在领军打仗，诸葛亮聪明一世，却在用人上出现了重大纰漏，在一次北伐的时候，他竟然让马谡领兵驻守关系重大的街亭，马谡刚愎自用，不听参军王平的建议，在远离水源的孤山上安营，最终被围兵败，失了街亭，北伐大业因此徒耗钱粮，无功而返。

神机妙算堪称“神人”的诸葛亮尚且有因为用人失误而耽误大事的时

候，何况身为普通人的我们，历史就像一面镜子，值得我们深思和研究。在用人方面，南怀瑾先生一贯主张“惟天下人才而用”，坚持让合适的人做合适的事，让他们在各自擅长的领域充分发挥自己的主观能动性。可见，用人唯长，将人才放在正确的位置，是时代赋予管理者的任务。

·7·
知人善任，皆为我用

管理界有一条著名的定理：“没有平庸的人，只有平庸的管理。”平庸的管理者不善于发现别人的长处，即使给他一个人才，他也不一定能发现并且激发其潜能。人力作为企业最重要的资源，要想得到充分的发挥，就需要管理者知人善任，把合适的人放在他最擅长的位置上，这样才能人尽其才。

关于用人之道，历史上很多伟人都曾经提出自己独到的见解，南怀瑾先生认为，用人不可学非所用，用非所长，而是要知人善任，唯才所宜。其实，简单地说，就是企业管理者要有慧眼识英才的本领，坚持任人唯贤，让正确的人做正确的事，让他们在各自擅长的领域充分发挥自己的主观能动性。

在人才对企业发展具有重要作用这个问题上，很多管理者已经达成共识，不需要过多地强调。他们虽然认识到了人才的重要性，但并不一定能招揽到真正适合自己企业发展的人才，很大程度上就是因为他们不能做到知人善任。有时候，明明是一个管理方面的人才，你非要给他一个文案的工作，明明是一个计算机方面的人才，你非要给他一个管理的工作，虽然招揽了人才，但没有把他们放在最适合的岗位上，因而不能为企业做出最佳的贡献，也就没有做到知人善任。然而，在日常企业管理中，这种事情并不少见，需要引起企业领导的注意。

知人善任的前提是“知人”

老子说“知人者智”，就是说认识人才、发现人才，才称得上有智慧。因此，管理者要想做到知人善任，首先需要做的就是“知人”。具体到企业管理中，就是需要管理者对员工进行考察、识别、选择，了解员工的长处所在。工作对人的要求不同，“才能”要和“职务”相称。管理者只有用心观察下属一段时间，才能知道他是哪方面的人才，才能将其放到合适的位置上。

毛遂是战国时期的赵国人，是赵公子平原君的门客。公元前257年，秦国派兵围攻赵国的都城邯郸，赵孝成王派平原君去楚国寻求救援。临行前，平原君想挑选二十个门客一起去，已经选了十九个，还差一个。这时，毛遂站了出来，表示愿意与平原君同去。然而，此前毛遂到赵国三年都没有表现出自己的才华，平原君心里有点信不过他，但是碍于时间不多，再找别人已经来不及，只好答应了毛遂的请求。

一行人到了楚国，平原君与楚王商量合纵的事，二十人在外等候，眼看日近正午，这件事也没有谈妥。毛遂二话不说，来到殿中，毫无惧色地向楚王把合纵的种种好处、不合纵的种种坏处一五一十地讲了一遍，楚王听后连连称是，道：“先生所言极是，就依先生。”于是，二者当场歃血为盟，合纵的事成了。

事后，平原君感叹道：“我一向自以为能够识得天下贤士豪杰，不会看错怠慢一人。可毛先生居门下三年，竟未能识得其才，我再不敢以能相天下之士自居了。”

毛遂自荐后不久，燕国趁赵国大战方停、元气大伤之际，派遣大将栗腹攻打赵国。派谁挂帅迎敌呢？赵王立即想到了刚刚立下奇功的毛遂。毛遂是个很有自知之明的人，他到赵王那里，请求不要任命自己做统帅，说：“不是我怕死，是我德薄能低，不堪此任，我能做马前卒，但绝对做不了指挥千军万马的统帅。”可是，不管毛遂如何推辞，赵王执意任命他为统帅。毛遂虽然身先士卒、殚精竭虑，但是他并没有当统领的才能，对战中，赵军被燕军打得落花流水，最终惨败。毛遂觉得没有脸面再见赵国人，于是避开众人，到山林里拔剑自刎了。

毛遂在平原君府上三年未能被委以重任以及战败后拔剑自刎都是领导不“知人”造成的。平原君不知人，没有发现毛遂在游说上的才能，因此从来没有重用过他，造成了人才浪费。赵王不知人，他虽知道毛遂是个人才，但是不知道毛遂真正的长处是什么，进而作出错误的指派，让一个擅长讲道理的人去带兵打仗，害了毛遂不说，还耽误了国家大事。可见，作为领导，知人善任的前提是知人，不但要辨别出一个人是不是人才，还要知道他的长处在哪里。

天下之才，皆为我用

在用人方面，李世民曾经说：“打天下用人在于人和，治天下用人在于无才不用、用尽天下才。”在企业发展过程中，也需要用到各种各样的人才，真正聪明的领导善于发现各种各样的人才，让天下之才皆为所用。

《淮南子·道应训》记载：楚将子发喜欢结交各种人才，有个长得丑、自称“神偷”的人被他待为上宾。有次齐国来犯，子发出城迎战，交战三次，楚军节节败退。正在楚军无计可施的时候，神偷请求出战，子发欣然应允。第一天，神偷在夜幕的掩护下，将齐军主帅的睡帐偷了回来。第二天，神偷又把睡帐还了回去，并对齐军主帅说：“我们出去打柴的士兵捡到您的帷帐，特地赶来奉还。”当天晚上，神偷又偷走了齐军主帅的枕头，再由子发派人去送还。如此几番下来，齐军十分恐慌，出现了骚动。主帅颤抖着双手对将士们说：“如果再不撤退，恐怕子发就要派人来取我的人头了。”于是齐军虽胜而退。

子发之所以打了败仗还能让齐国退军，就是因为他的属下“神偷”给齐军主帅施加了很大的压力，让他认识到继续战斗的后果是十分严重的。可见，无论拥有什么样的本领，只要用对了地方，就是人才，并且这样更能节省成本，促进事情顺利发展，这大概就是南怀瑾先生所提倡的“惟天下人才而用”的精髓所在了。

·8·

人才是发展的基础

民国时期伟大的政治家孙中山说，“治国经邦，人才为急”；海尔集团首席执行官和董事局主席张瑞敏说，“管理的关键就在于用人，很大程度上，管理的科学性就在于用人的科学性，管理的艺术性就在于用人的艺术性”。时至今日，人才已经成为企业发展的关键性因素，若把企业的成长看作修建长城，那么人才就是基石；若把企业的成长看作建造大厦，那么人才就是栋梁。由此可见，企业要想做大做强，就必须重视人才，把人才看成第一要素。

南怀瑾先生常说，千军易得，一将难求。这个世界上，人很多，但是人才并不多。因此，聪明的管理者除了要有重视人才的观念之外，还要善于发现人才和选拔任用人才，要有自己行之有效的选人用人标准。

正所谓“国以才立、政以才治、业以才兴”，纵观人类社会的发展，每一次社会的进步，每一次科技的飞跃，每一次时代的转变，都离不开人才的贡献。若没有那些杰出的人才为时代发展作出的贡献，我们或许还生活在没电没网的远古时代。因此，无论何时，我们都要重视人才。

圣人之治，在于用人

历史总是以触目惊心的画面来告诫后人，那些不注重人才的人，最终都会被踢出贤明的行列，而真正能够雄霸天下的，都是那些重视人才，能够礼贤下士的圣明君主。

春秋时期的秦穆公就是一个重视人才的国君，“广招人才”和“羊皮换贤”的故事都发生在他身上。穆公心怀大志，想要称霸天下，知道欲成大事须有贤才良臣辅助，于是召来善于相马的伯乐，问：“你的年纪一天比一天大了，不知你的子孙辈中有继承你的相马本领的吗？”伯乐回答说：“大王，真是可惜得很，我的子孙中没有一个人在相马方面能够及得上我，倒是我的好朋友九方皋，他相马的本领高强，大王可以让他试一试。”秦穆公立即召来九方皋，请他去寻一匹好马。三天后，九方皋兴冲冲地跑来报告，说已为大王觅到了一匹一流的好马。穆公问：“是匹什么样的马？”九方皋答：“是匹黄色的母马。”然而，马被牵过来后竟然是匹黑马，于是穆公生气地对伯乐说：“一个连马的颜色都能搞错的人，我怎么相信他推荐的是匹好马呢？”伯乐说：“大王啊，会相马的人看中的是马的灵性，而非颜色，所以九方皋把这些给忽略了，但是这匹马您可以放心使用。”后来，秦穆公派人一试，发现这匹马果真是匹天下无双的好马。秦穆公从这件事上得到了启发，派人广招人才，不问门第出身，更不看相貌穿着，只要有才能，皆可委以重任，此举赢得一大批有识之士的追随。

当时，虞国有个人才叫百里奚，晋献公灭虞后俘虏了他，想让他做官，但是他宁死不从，晋献公就把他当作陪嫁的奴仆送给了代秦穆公前来晋国求婚的公子絷，结果他半道上偷偷逃跑了。后来，秦穆公从晋国投奔来的武士口中得知百里奚是个了不起的贤才，于是一心想找回来留为己用。百里奚逃到楚国后冒充看牛的人被留了下来，后来又因为放牧本领强被派去南海放马。穆公得知后备下厚礼想去换回百里奚，然而大臣却说："这可万万使不得。楚国让百里奚看马，是因为不知他是个贤能之士。如果您用这么贵重的礼物去换他回来，不就等于告诉楚王，你想重用百里奚吗？那楚王还肯放他走吗？不如用一般奴仆的价格，花五张羊皮把他赎回来吧。"于是秦穆公派使者去见楚王，以五张羊皮赎回了百里奚。所以后人称百里奚为"五羖大夫"，羊皮换贤的故事也成了千古佳话。

秦穆公一生待人宽厚，知人善任，用人时采用"得其精而忘其粗，在其内而忘其外"之法，最终成为一名受人尊敬的贤明君主，"益国十二，开地千里"，整个广阔的西部地区都为他所掌控，为日后秦国一统六国打下了历史性的基础。

人才是企业发展的基础

很多成功人士在谈及自己的成功经验时，都会说到人才对企业发展的重要推动作用，可以说人才是企业发展的基础。一个企业若没有优秀人才的脱颖而出，就不可能有跨越式的发展；若没有全员素质的整体提高，就没有企业整体水平的提升。

美国的钢铁大王安德鲁·卡内基曾经说过一句话："如果把我的厂房设备、材料全部烧毁，但只要保住我的全班人马，几年以后，我仍将是一个钢铁大王。"可以看出，他是一个十分重视人才的管理者，把人才看得比厂房设备、材料都重要，他认为自己之所以能成为钢铁大王，主要归功于那些在岗位上作出贡献的员工们。

回顾安德鲁·卡内基的创业经历，当年他进军钢铁业，第一步就是大胆地引进先进的生产技术和人才，在诸多专业人才的帮助下，他对工厂进行大刀阔斧的改进，不断提升钢铁生产技术，同时大幅降低成本，使自己的工厂在同类行业中迅速占据一席之地。看到用对人才对企业带来的巨大利益后，安德鲁·卡内基更加坚定了“以人才带发展”的信念，到19世纪末20世纪初，他已经拥有两万多名员工，他们作出的成绩是十分可观的，使卡内基的钢铁公司年产量超过英国全国的钢铁产量，成为世界上最大的钢铁企业，年收益额达4000万美元。

很明显，安德鲁·卡内基之所以能成为美国最大的钢铁制造商，在美国工业史上留下浓墨重彩的一笔，就在于他重视人才，善于运用人才。在当今人才竞争已经成为企业竞争主要内容的时代，管理者更应该认识到人才的重要性，擦亮慧眼，为企业选拔真正的人才。

Part 4

无为而治，大智若愚

——南怀瑾谈管理之道

企业是由个体组成的集体，在日常运营过程中，遇到最多的困扰就是关于人的问题。而中华民族的历史长河流到今天，讨论最多的也是人与人、人与环境之间的问题。千百年来，人性没变，无论科技怎么进步，文明怎么叠加，把前人对人性的探究成果用在今天的企业管理中仍然十分合适。

· 1 ·

企业管理的藩篱：水至清则无鱼

“水至清则无鱼，人至察则无徒”，这句话源于《汉书·东方朔传》，意思是说，水如果太清了，鱼儿就无法生存，人如果太精明算计了，就会没有朋友。后人多以此来告诫人们：指责别人不要太苛刻、看待问题不要过于严厉，否则就容易使大家因害怕而不愿意与之打交道，就像水过于清澈养不住鱼儿一样。从管理的角度来说，就是要求领导对待下属少苛刻，多宽容，不要对一些非原则性的问题揪住不放，学会适可而止。

南怀瑾先生在讲到做人不能过分计较时曾引用郑板桥的话来加以概括，他说：“聪明难，糊涂亦难，由聪明而转入糊涂更难。放一著，退一步，当下心安，非图后来福报也。”他教导我们，必要的时候，要学会揣着明白装糊涂。

正所谓“人非圣贤，孰能无过”，每个人都会犯错，都有小毛病，如果不分青红皂白就将所有的过错都放到公众面前加以评判，就会小事变大，大事发展到不可收拾的地步。姜太公曰：“明察则人扰，人扰则人徙，人徙则不安其处，易以成变。”意思是说，什么事都查得一清二楚，人就会觉得不安，为了逃避骚扰，大家就要迁移，不再安居原地，这样就容易发生动乱。

做事需留有余地

很多时候，做事留有余地，给别人一条出路，比赶尽杀绝更能收获意想不到的效果。老子曾有言："民不畏死，奈何以死惧之。"掌权者如果处处得理不饶人，动不动就处罚，且罚得很严厉，时间长了，人们就不害怕了，并不能起到良好的管理效果。特别是在如今选择比较多的时代，领导若过分苛求员工，员工就会另找出路，更没什么好怕的。所以说，管理不是越严越好。

历史上有个《楚客谢绝缨》的故事，讲的就是楚庄王的待人之道。春秋时期，各国战乱频频，一次平定叛乱后楚庄王在皇宫内大宴群臣，宠妃们也统统出席助兴。楚庄王钦点了两位最受宠爱的美人许姬和麦姬轮流向文武大臣们敬酒。觥筹交错间，一阵风吹灭了宴席上的蜡烛，这时候，一位官员因为许姬貌美如仙，斗胆拉住了她的手，撕扯中，许姬扯下了那人帽子上的缨带。许姬委屈万分，跑到楚庄王面前告状，并让楚庄王点亮蜡烛，将缨带断了的人揪出来加以处罚。楚庄王听后，却传令不许点蜡烛，还说："今日寡人设宴，希望诸位都能喝尽兴，谁若不把头上的缨带扯断就代表谁没有尽兴。"众人听后，纷纷扯断头上的缨带，楚庄王这才命人点上蜡烛，君臣尽兴而散。许姬怪楚庄王不给她出气，楚庄王却笑着说："此次君臣宴饮，旨在狂欢尽兴，融洽君臣关系。寡人命人喝酒，人家喝醉了酒后失态，本来就是寡人之过，若下令责罚，岂不是太小气了吗？"七年后，楚庄王伐郑，一名战将主动率领部下先行开路。这员战将所到之处拼力死战，大败敌军，直杀到郑国国都。战后楚庄王论功行赏，才知这位战将叫唐狡。唐狡表示不要赏赐，并坦承七年前宴会上无礼之人就是自己，今日此举全为报七年前不究之恩，楚庄王听后百感交集。

如果楚庄王当时命人点亮蜡烛，揪出唐狡并处死他，那么就没有后来被传为千古美谈的《楚客谢绝缨》的故事，楚国伐郑就不一定能胜，楚庄王的春秋大业也就不一定能够成就了。古人讲："君则敬，臣则忠。"楚庄王能够成为"春秋五霸"之一，与其心胸开阔、知人善任不无关系。

得饶人处且饶人

无论什么时候，那些小肚鸡肠、睚眦必报的人都是很难结交到真心朋友的，因为这类人心胸太过狭窄，不肯原谅别人一点小小的过错，过分苛求所有人的一举一动都必须符合自己的意愿，这会在无形中给别人施加压力，别人自然不愿与之结交。相反，那些宽大为怀、豁达大度的人更能赢得别人的敬重，因为他们有同理心，懂得设身处地地为别人着想，得饶人处且饶人，在与人相处的过程中，会给人带来轻松自在的感觉，别人自然乐意与其交往。

秦穆公是春秋时期秦国的国君，有一次丢失了一匹爱马，于是派人寻找，结果发现爱马被生活在岐山下的三百多个乡人捉住吃了。官吏抓住这些人准备严惩，但秦穆公却说，"君子怎么能因为畜生而去惩治人呢？我听说吃了好马肉，不喝酒会伤身体的"，于是派人把他们请来大喝一顿，并赦免了他们。

秦穆公十五年九月，秦晋两国在韩原交战，两国国君秦穆公与晋惠公亲自带兵参战。最后，秦穆公因为兵力不敌晋国军队反被包围，并且秦穆公身受重伤，随时面临生命危险。居住在岐山脚下的那三百多个乡民听说此事，纷纷骑上快马飞奔到战场与晋军奋力拼杀，以报食马之德，最终他们不但救了秦穆公，还活捉了晋君夷吾，这就是所谓的德出福反。

秦穆公是历史上少有的待人宽厚的君主，他心胸宽广，深受百姓喜爱，也因此吸引了很多人才，为四百年后秦统一六国奠定了基石。他对秦国的发展以及古代西部的民族融合作出了巨大的贡献，是历史上最有所作为的政治家之一。

南怀瑾先生曾经说过，做领导要有人情味，所谓人情味就是人性中温情的一面，是人与人之间真挚情感的自然流露，是一种由内而外感染他人的个性魅力，是一股可以温暖人心的精神。在职场中也是如此，一起共事的同事在性格、喜好、习惯、阅历、经验、言行等诸多方面不可能尽遂人愿，这时候尤其需要以一份宽广的胸怀和友善的态度去对待和处理。

·2·

现代企业管理的精髓：人事管理

企业管理是一个比较宽泛的概念，可以说包含了企业发展过程中的所有内容。若按照管理的对象详细划分，主要有：人力资源管理、项目管理、资金管理、技术管理、设备与工艺管理、作业与流程管理等若干项。其中，人力资源管理就是我们常说的人事管理，也是企业管理的精髓所在。

对于企业管理，南怀瑾先生有一套比较独特的认知，他说管理是现在的名称，从政治术语来讲就是统治，从军事的术语来讲就是指挥。现在工商发达，人际关系复杂，人的心理也不再那么单纯，因此无论是自己的实际感触还是一些大老板的有感而发，目前企业管理上遇到的主要困难还是发生在人事管理上。

世界是多彩的，社会是多元化的，不同的人从小到大受到的教育也不同，可以说，一千个人心中有一千种想法。所以，对于人员相对集中的企业来说，管理不是件轻松的事情，做好企业管理的关键之处还是要做好人事管理。

因人而异，激发员工的潜能

在一个企业中，管理者就相当于一个大家长，而员工就是一个个努力工作等着被夸奖的孩子。孩子们千差万别，神态各异，但是不可否认的是，每个人都有自己的本领，这个时候，作为家长的管理者应该做的事就是抱着一颗宽大慈爱的心，任人唯长，把合适的人安排在合适的岗位上，因人而异，最大限度地激发员工的潜能。十指尚且长短各异，管理者不能因为自己的偏好而厚此薄彼，更不能墨守成规，一成不变，把人才埋没在自己的刻薄死板上。

关于人事管理，有这样一个发人深思的小寓言故事。有个农夫养了四只小羊，其中三只白色的，一只黑色的。小白羊毛色如雪，十分漂亮，又十分受农夫的喜爱，因此它们三个很骄傲，时常瞧不起小黑羊，有时候甚至出言不逊："看看你这一身黑色的羊毛，多难看啊，黑不溜秋的，像锅底灰，还像穷人穿了好多年都不舍得扔的破棉袄，脏死了！"农夫也不太喜欢小黑羊，他知道黑羊毛的价格没有白羊毛高，所以对小黑羊很不上心，时常给它吃最差的草料，还偶尔打它几下。小黑羊委屈但是没处诉说，经常暗自垂泪。

第二年三月下了一场大雪，四只小羊一起外出吃草迷了路，被困在鹅毛大雪中。雪越下越大，天气越来越冷，快要冻僵的它们只能相互依偎着取暖，四周全被大雪染成了白色，小白羊和雪融为一体，已经分不清哪里是雪，哪里是羊了。农夫上山寻找的时候，远远看到一个小黑点，慌忙跑过去一看，就是他的那四只快要被冻死的小羊们。农夫抱起小黑羊，十分后悔当初那样对待它，若不是它，四只羊都要冻死在雪地里了，农夫的财产将遭受很大的损失。

这个故事告诉我们，再不起眼的员工只要放在合适的位置上都有发挥作用的时候，真正聪明的管理者从来不会带着有色眼镜看待别人，而是发挥自己的管理才能，因人定岗，激发员工的潜能。

合理的分配制度更能提高工作效率

在职场中，员工最关心、管理者最头疼的问题就是分配制度，因为这与每个人的切身利益直接相关，稍微出现一点差池就会引起员工的强烈不满，管理者就需要解决这样那样的麻烦。因此，在工作初期制定出一个科学合理的分配制度，不但能够提高员工的工作热情，还能为管理者减少很多麻烦。

关于分配的问题，我们或许都听过这样一个故事：有七个人住在一起，每天分吃一桶粥，然而独占多吃的人性弱点导致每天的分配都不能让所有人满意。有的分到的多了，有的分到的少了，总之大家尽是意见。

刚开始的时候，他们提议轮流分粥，每个人负责一天，这样一来，他每周轮到自己分粥的那天就可以吃饱。再后来，有人提议，推选出一个道德最高尚、最具有权威的人来分粥，然而这个制度还没开始几天就废弃了，因为所有人都竭尽所能地去讨好、贿赂那个分粥的人，分粥人左右为难，小团体怨声四起。

后来又有人想出了一个主意，将七个人分成两拨，一拨由三人组成分粥委员会，另一拨由四人组成评选委员会，分粥的时候评选委员会可以监督分粥委员会。然而，即便有评选委员会的监督，分粥委员会的人还是在分粥过程中占尽了便宜，评选委员会的人当然不干了，他们常常相互指责，几番下来，粥都凉了才吃到嘴里，而且每个人还都觉得委屈。就这样，一个小小的分粥问题，难为住了七个活生生的大人。最后有人提议，轮流分粥，但是分粥的人要等其他人挑完再去吃最后剩下的那碗。这样一来，为了不让自己吃到最少的，每个人都只能尽量公平地分粥。分粥的问题就这样解决了，每个人都能吃饱，再也没人抱怨了。

可见，只要制定出一个合理的分配制度，就能解决很多麻烦。人事管理没小事，在一个单位，如果没有合理透明的奖赏惩罚制度，那么时间一久就会出现很多矛盾，员工心里有怨气，自然不会好好工作。因此制定出一个好的分配制度，是企业人力资源管理者需要考虑的首要问题。

南怀瑾先生曾经说："现代的年轻人往往有个通病，就是各种经验还差得远，但却一个劲地要照自己的理想发展。发展下来的结果就是要老板为他们收拾残局，但是一个计划错误，它的损失是相当可观的。"然而，这种风气已经形成，我们凭借一己之力很难改变这种用人环境，因此管理者只能尽力提高自己的人事管理水平，给员工合理的预期，在不损害他们自尊的前提下帮助他们认清现实，这样才能让其脚踏实地地为企业做事。

·3·
人事管理观念需要正名

关于人事管理这一概念，权威机构给出的解释是："人事管理是人力资源管理发展的第一阶段，是有关人事方面的计划、组织、指挥、协调、信息和控制等一系列管理工作的总称。通过科学的方法、正确的用人原则和合理的管理制度，调整人与人、人与事、人与组织之间的关系，以谋求对工作人员的体力、心力和智力进行有效利用与充分发挥，并保护其合法的利益。"

然而，南怀瑾先生认为，人事管理的观念需要正名。他指出，人事管理这个名称笼统地讲都是错的，因为其在科学的范围里被限制得太死了，事实上，人事管理处理的就是人与人之间的问题，可是管理是对东西的，一谈到管理，人就变成了东西，这种说法显然是对人不尊重的。更有甚者，在政治学上，管理就是指统治，要谈管理只有专断独裁，等于被管理者要绝对听从管理者的，这种说法听起来就让人不舒服。

南怀瑾先生以我国古代的大政治家管仲的政治思想为标准，不但提出管理需要正名，并且给出了具体的管理标准。他说，从政治上讲管理，光管理是不行的，还必须辅以教育。因为管理带有独裁性，只有对物品，才能单用管理，若对人事单说管理，显得太无情了，所以要另外配以教育，以及员工福利有关的培养和保卫，如此才能有健全的人事结构，才能发挥团结精神，创造绩效。总的来说，可以用四个字概括：管、教、养、卫。

培养下属，是管理者的重要职责

麦当劳人力资源总监说，培养下属是管理者最重要的岗位职能之一，也是管理者的管理绩效能否得到明显、快速突显的途径之一。法国著名的化学家约里奥·居里说，要使山谷肥沃，我们就得时常栽树；要使组织长青，我们就应该注意培养人才。尤其是在竞争激烈的现代社会，一旦放松了学习，就可能落后于人，因此对于管理者而言，注重对员工的培养是让企业出类拔萃的重要手段。

有则故事可以让管理者意识到，注重提升下属的能力是多么必要的一件事情。一个漆黑的夜晚，老鼠的头目领着一群小老鼠出来找食物吃，它们在一家农夫的厨房里发现了很多剩饭，于是一拥而上吃了起来。正当它们吃得津津有味的时候，突然响起一声让它们胆战心惊的叫声，不远处一只体型硕大的黑猫正虎视眈眈地看着它们。小老鼠们哪里见过这种阵势，吓得惨叫一声各自逃散。然而，有两只跑得比较慢的老鼠还是落到了大黑猫的爪下。就在大黑猫兴高采烈准备饱餐一顿的时候，身后又传来了一阵凶神恶煞的狗叫声，大黑猫猛地一惊，连忙丢掉老鼠逃命去了。大黑猫走后，老鼠的头目才重新站出来，说："早就告诉你们了，除了偷东西的业务技能之外还要多学点东西，指不定什么时候就能派上用场。看，这回就是我学习的'外语'救了你们的命吧。"

现代社会发展迅速，企业之间竞争压力大，对人才的要求也越来越高，单一型人才已经远不能满足企业的用人需求，因此从企业的发展和员工自己的职业前途考虑，注意培养多元型人才既是企业的权利，也是企业的义务。

优秀的管理者要给员工提供足够的安全感

管仲政治思想中的管理还包括卫，用现代职场的语言理解就是要给员工足够的安全感。具体的做法就是给员工提供足够的薪水以保证生活需要，保证员工的人身安全不受侵犯，还要满足员工职业晋升的需求等等。因为社会的发展极大程度的改变了企业的用人环境，员工的民主意识不断提高，工作也不再是唯一的谋生手段，对物资、安全、未来生活保障的需求都成了员工选择工作时的标准配置，缺少任何一样都会影响员工的去留。

很多接受过专业管理培训的管理者都听过《鸬鹚罢工》的故事，故事所表达的内涵就是管理者要给员工提供足够的安全感，否则就会引起员工罢工。故事内容是：一群鸬鹚跟着一位渔民十几年，兢兢业业，不辞辛苦，为渔民立下汗马功劳。然而，随着年龄的增长，这群鸬鹚腿脚开始不灵便，眼睛也模糊了，捕鱼的数量更是远不如从前。

渔民见状，又买回几只小鸬鹚，经过一番培训，小鸬鹚很快学会了捕鱼的本领，捕鱼的数量又上去了。渔民见老鸬鹚已经没有什么用了，便不再舍得为它们投入，只给它们吃一点新鸬鹚吃剩的鱼渣，当它们快饿死的时候，更是狠心炖汤喝掉了。

一个风和日丽的上午，新的鸬鹚突然集体罢工，无论渔民怎么驱赶，它们就是不工作，渔民无奈地问道："我待你们那么好，给你们吃鲜嫩的小鱼，住舒适的窝棚，还经常让你们休息，你们为什么还不愿意好好地工作呢？"谁料听了渔民的话，鸬鹚却不屑一顾地说："主人呀，现在我们身强力壮，有吃有喝，但老了，还不是会落得像老鸬鹚一样的下场？"

生活水平越来越好，人们的需求层次也由最初的温饱、安全提升到自我实现。现在的人们已经没有那种有吃有喝就感恩戴德的心理了，而是开始考虑年老时是否有足够的保障以维持生活，在一个岗位上工作时间久了是否有晋升的可能等等，这些成为人们对于安全感的需求。倘若领导在进行人力资源管理时忽视了这些需求，最终可能导致员工罢工。

仔细分析南怀瑾先生的话，其实人事管理的名称对不对倒是次要的，关键是要摒弃"人事管理就等于管制"的观念，明确管理者真正该做的事，要明白，在一个组织内部，管理者不但有指挥调配人的权利，也有培养、提供薪资、保卫员工安全的义务。

·4·

洞察人性，打开管理之门的钥匙

南怀瑾先生在讲国学的时候曾一再强调，世间最难揣摩的就是人心，与人相处的学问一生也学不尽。很多时候，对于人性的本质我们没法给出确切的答案。孟子说，人人皆有不忍人之心，所以人性是善的；荀子认为，人之所以为善是由后天教育培养出来的，但是人性本质上是恶的；而告子则说，人性是不善不恶的，所谓“近朱者赤，近墨者黑”，人之所以为善为恶都是受了后天环境的影响。

在众多辩论善恶的派别中，我们像懵懂的孩子一样无法区分谁对谁错，感觉都言之有理。然而，若抛却善恶这么深沉的话题不谈，人性存在很多弱点是我们无法否认的。在管理中，若能深入地洞察人性，并且善于利用人性的弱点，就会像找到了一把能够打开管理之门的钥匙，起到意想不到的管理效果。

南怀瑾先生在讲解《庄子》时说的那句“意有所至而爱有所亡”，其实就是根据人性的特点所提出的处世之道，称不上是善是恶，更谈不上是好是坏，仅仅是从人性的角度去分析人类身上有哪些特点。若能掌握这些特点并加以利用，就能更加巧妙地为人处事，成就一番事业。南怀瑾先生曾说，历史上的大奸臣都懂得“意有所至而爱有所亡”之妙，所以总是避免碰触君臣相处的禁区，其实就是劝诫世人要洞悉人性。企业的运营是十分复杂的，对员工的调配需要讲求技巧，管理者若能洞悉人性，就能在管理过程中事半功倍。

纵容不良风气的滋生损失更大

人性中的弱点在生活和工作中随处可见，正所谓“流水不腐，户枢不蠹”，懒惰是人的天性，没有约束的时候人就会故步自封，躺在功劳簿上睡大觉，最好能够不劳而获。职场是一个讲究按劳取酬的地方，若管理者对这些弱点不闻不问，任由其滋生疯长，没有付出劳动也能领到薪水的人就会更加肆无忌惮地不劳而获，辛苦劳动者若和坐享其成者拿到的报酬一样多，就会觉得不平衡，久而久之，也不愿意多付出劳动，如此一来，企业将很难正常地运营下去。

春秋时期，孔子的得意门生宓子贱曾经有一段在鲁国担任单父宰（单父：地名，今山东省菏泽市单县。宰：古代官名，宰官）的经历。有一次，齐国的军队想要攻打鲁国，行军路线必须经过单父。听到这个消息后，城中的百姓纷纷对宓子贱说：“大人，现在城外的麦子已经成熟，迟早都要收割。而齐国的军队突然要来这里，在这种关键时刻，恐怕来不及每家都只收割自己的麦子了，不如您下令，让我们一起出城收割麦子，这样既可以得到自己的粮食，又不会资助齐国人，一举两得。”

宓子贱听了百姓的建议，撇嘴一笑，果断地拒绝了。后来，齐国的军队路过此地，果然开始抢收这里的麦子。鲁王知道后十分生气，命人传唤宓子贱想要治他的罪。然而，宓子贱却不慌不忙地对鲁王说："今年的麦子虽然没有了，但是来年还可以种。如果我们在齐国到来之前，一哄而抢地去收割麦子，其中势必会有不劳而获者，这样下去，我们的百姓就会生出惰性，他们不去种地而整天希望敌国军队犯境，长此以往，鲁国就会衰落。单父的麦子只占鲁国所有粮食的九牛之一毛，它的丢失不会使鲁国遭受多大损失，而如果把这种不劳而获的思想流传下来，将会有几代人因此而受害啊！"

鲁王听后觉得宓子贱说得十分有理，就放了他，因为鲁王也明白，作为管理者，只有学会放弃眼前的蝇头小利，才能获得长远的大利。眼前利益虽然可观，但如为此损害了无形的价值观与文化，就会像饮鸩止渴一样断送自己的后路。在企业中，要想杜绝这种不良的风气，就需要制定出切实可行且严谨的管理制度，将人性中蠢蠢欲动的弱点扼杀在无形之中。

关键时刻要懂得以弱治弱

以人管人，总是有漏洞可循的，若遇到那种侥幸心理严重、自觉性极差、想尽了办法都不能使之改变的人，一味地去劝诫、包容他并不能起到真正的管理效果，这时候，以弱治弱或许可以减少他们消极散漫的心态，激发他们自身的潜力。

春秋时期，楚国的令尹孙叔敖在苟陂县一带修建了一条南北水渠，这条水渠又宽又长，给农民的灌溉带来了极大的便利。然而，到了干旱的时候，水渠旁的农民就在露出地皮的堤岸上种植庄稼，有的还直接把庄稼种到了堤中央，若是雨水一来，水渠中的水位上升，这些农民为了保护自己那一点点庄稼就偷偷的在堤坝上挖开口子放水。时间一长，水渠被沿岸的农民挖得面目全非，严重影响了需要浇灌田地的其他农民的需求。更有甚者，遇到大雨，水渠决口，经常发生水灾，水利变成了水害。

面对这种情况，历任官员均无计可施，劝诫，晓以利害，严令禁止等都无济于事。每次水灾发生时，他们只能调动军队去修。后来宋代李若谷出任知县时，也碰到了决堤修堤这个让人头疼的问题，他思索良久，终于想出一个办法，于是张贴告示，上书“今后凡是水渠决口，不再调动军队修堤，只抽调沿渠的百姓把决口的堤坝修好。”这张告示贴出去以后，再也没人偷偷地去挖堤放水了。

沿堤百姓损人利己挖堤种庄稼只是看到了眼前的那点利益，这是人性的弱点，当李若谷下令水渠决口不再调动军队只令沿渠百姓修理时，百姓自然会考虑，自己为了这点利益而去耗费大把精力修水渠划算不划算，两害相权取其轻，也就不再偷偷的挖堤放水了。

管理是手段不是目的，我们看重的是管理的效果，很多时候，在不违背道德和法律的前提下，针对人性的弱点而实施的管理措施往往更有效果。

·5·
察言观色：入门休问荣枯事，但看容颜便得知

无论是在职场还是在日常生活中，善于察言观色的人都是十分受人欢迎的，那种对方还没有说出口，你已经洞悉对方所思所想的能力能够给对方一种“心有灵犀”的亲切感。善于察言观色的人往往具有同理心，他们擅长揣摩人性，喜欢为对方着想，言谈举止间散发着善解人意的魅力，轻轻松松地就可以赢得别人的好感和信任。

南怀瑾先生在讲传统的中国式管理时说，“入门休问荣枯事，但看容颜便得知”，指的就是察言观色的能力，意思是说进门不需要贸然问主人家境的兴衰，只要看主人的脸色就可知道了。他还举了个例子，假设今天去看一个人，打了招呼，刚谈几句，感觉主人脸色不对，讲话不对，马上就知道该走了。如果看不出对方心里不高兴，还死皮赖脸地留在那里，那么给人家的印象就不好了。

善于察言观色是一种天赋，有些人天生就比较敏感，能轻易地看出别人的情绪反应，而有些人则需要锻炼自己的观察能力，处处留心才能学得。但是，不管是先天禀赋还是后天学习，只要拥有了这种能力，就容易给人留下通情达理的好印象，做起事来也会顺利很多，这是一种沟通

上的优势。

察言观色识人心

实质上，善于察言观色就是善于变通、识时务，正所谓“识时务者为俊杰，通机变者为英豪”，能够认清潮流形式的人才能成为真正出色的人物。历史上有不少能力强却不能善终的人，就是因为他们不懂处世之道，不会察言观色，不知道上司的喜好，只顾自我表现。因此，无论在生活还是职场中，学会察言观色，都是很有必要的。

杨修是东汉末年的文学家，曹操帐下的谋士，此人十分聪慧，学问渊博，被曹操任命为主簿。有一天，曹操的丞相府在修建大门，曹操前来查看，看完之后，随手在门上写了一个“活”字，众人都不解其意，只有杨修走过去，对那些工匠们说，拆了重建，门里面加个活字，丞相是嫌门太阔了。

无独有偶，那天刚好赶上有人送给曹操一盒一口酥，曹操一点没吃，只是在盒子上写了一个“合”字，众人又是不解其意，又是杨修走了过去，让众人分吃了这些一口酥。曹操见状便问：“是谁让你们吃的？”杨修得意道：“是丞相让小的们吃的。”曹操问：“我什么时候下过命令？”杨修说：“‘合’，拆开来念就是一人一口，所以是丞相您让我们吃的啊。”曹操听了，无言以对，但是对杨修已经有了几分怒意。

还有一次，曹操大军在斜谷驻扎，粮草不支，进退两难，夏侯惇请示夜间口令，曹操正在吃鸡肋，就说：“鸡肋，鸡肋。”夏侯惇听完便传令去了。丞相说这话的时候杨修刚好在场，他就又故作聪明跑去对夏侯惇说：

“赶紧收拾东西吧，丞相要退兵了。”夏侯惇大惊，忙问原因，杨修说：“鸡肋者，食之无味，弃之可惜。吾等进不能胜，退又怕耻笑，可见将要退兵了。”曹操饭毕，出来巡视军营，见将士全无斗志，还有人正在收拾东西准备撤军，立即大怒，以“假传军令，扰乱军心”为由杀了杨修。

杨修看起来很聪明，能够揣度圣意，但其实他并不聪明，如果他懂得察言观色，看出曹操早已对他自作聪明、恃才放旷的行为感到厌烦，就应该收敛自己的行为，不那么爱出风头，不让曹操当众下不了台，或许就不会为自己惹来杀身之祸了。

识人心方可巧处事

善于察言观色可以洞察先机，预先知道对方的想法，一旦发现有什么不对的地方，可以提前做好心理准备，想好对策，妥善安排自己的进退。这样，一切的沟通都在自己的掌握之中，可以巧妙处理很多事情。

刘墉是清代有名的清官，和大贪官和珅同朝为官，且都是大学士，二人经常斗嘴。有一次，和珅又起了坏心眼，对刘墉说：“刘中堂，听说你很正直，什么样的人都敢参奏！”刘墉点头称是。和珅说：“你敢参当今圣上吗？你要敢参，我就当着大家的面磕头拜你为师。”刘墉听完和珅的话与他击掌为定，径直走向太和殿。

按照当时的法律，参奏皇上是要治重罪的，在和珅看来，刘墉这次要倒大霉了。刘墉来到太和殿，将皇帝重修明陵的事给参了，乾隆一听，刘墉参的竟然是自己，好气又好笑，说：“好你个罗锅子，竟然冲我来了！”但是刘墉参的有道理，自己只好语气软了下来，说：“算你说得对，那要不明年春暖花开的时候，我去江南打一次围，各处巡幸一番，就算充军流放一次，行吗？”刘墉见皇上已经知错，就不再追究了。这时，乾隆故意调侃刘墉说：“爱卿你一本参倒了当今皇上就没罪吗？”刘墉不慌不忙地摘掉翎顶说：“臣摘掉顶戴，丢官罢职，以谢参君之罪。”

刘墉走出来，让和珅兑现刚才的诺言，和珅被大家团团围住，无处可躲，只好跪在地上给刘墉磕头叫师傅。刘墉回老家前向乾隆辞行，看出了乾隆的不舍，乾隆说：“刘墉呀刘墉，凭你的身份地位，如果不是参到寡人头上，你不就是铁帽子刘墉了吗？”刘墉顺势就坡跪在地上说：“谢万岁封臣为铁帽子刘墉。”说完，拿起自己的翎顶又戴到了头上。

刘墉凭借自己的灵机应变和善于察言观色的本领不但保住了自己的官位，给皇帝留住了面子，还将了和珅一军。

善于察言观色能够提高与人沟通的效率，可以把话说到对方的心坎里，若发现对方不耐烦了，可以及时停止，随机应变，避免沟通恶化，就不会把事情搞砸。因此，就算是批评人，也要一直留意对方的脸色，适可而止，让对方有个台阶下。

·6·

日本第一？切忌画虎不成反类犬

随着时代的发展，世界各地的企业在激烈竞争中逐渐形成了各自独有的管理模式，而日本企业以其和谐的人际关系、员工对组织及组织对社会的高度忠诚闻名遐迩。很多地方的管理者在给日本冠上第一的美名后就掀起了一场学习日本管理模式的风气，开始过分强调稳定的劳资关系、上下协商的决策制度、政府与国民通力合作的体制等。然而，企业有学习观念是好事，但是也要考虑到自身的实际情况，切忌画虎不成反类犬。

关于现代企业管理喜欢模仿日本企业管理的这个问题，南怀瑾先生给出了自己的看法。他说："现代人想学日本人可以理解，因为日本的企业管理的确有一套。但是，我们要弄清楚日本工商管理的成功之处在哪里，是在军事管理上。第二次世界大战战败后，日本人训练的这批军官去哪里了呢？转到工商业来了，这批军官就是现在日本企业界中坚的老干部，他们完全采用军事的方法，带领工人就像带领自己的部下一样，整个公司的职员变得非常有责任感。另一方面，他们把照顾部下的方法与西方的福利制度结合起来，因此福利办得很好，公司成了大家的公司，彼此休戚相关，自然也就成功了。"

反观我们自己的企业，与日本的企业情况完全不同，它们有自己的特征和模式，生搬硬套是行不通的，因为民情不同，结果只会弄得四不像。

学习别人的经验时不能割断历史与环境

国内企业学习日本的管理是存在很多误区的，正所谓“橘生淮南则为橘，生于淮北则为枳”，两国的历史经验不同，国民教育不同，企业生存环境不同，因此管理模式也不相同，一味地照抄照搬别人的管理经验不一定能够达到预期的效果。因此，在学习他人的经验时要考虑到我们自身的实际状况。

战国时期，有两户人家，一家姓施，一家姓孟。这两户人家都有两个儿子，两家的儿子中都有一个喜欢学习儒家的仁义之术，另一个爱好军事。施家那个好学儒术的儿子用他的儒家思想去游说齐王，齐王采纳了他的意见，叫他做了自己孩子们的老师。爱好军事的那个儿子来到楚国，用他的法家主张去游说楚王，楚王很信服，让他在军队担任领导。很快，施家就因为这两个儿子富裕起来，邻居亲戚们都很羡慕。

孟家看到施家的两个儿子地位如此显赫，也十分羡慕，心想，自家的儿子和他们所学的相同，为什么不能像他们一样寻求富贵呢？于是，他们向施家的儿子请教了游说方法后，也让自家的两个儿子去别的国家游说。孟家那个好学儒术的儿子跑到秦国，用儒术游说秦王，而秦王却大发雷霆，说：“现在各国诸侯都靠实力争战，拼的是粮食和兵力，如果用仁义来治理我的国家，这是走向灭亡的道路。”说完，秦王着人把他打了一顿后赶了出去。孟家的另一个儿子来到卫国，用权术游说卫王，卫王听了直摇头，说：“我国弱小，夹在大国之间，只有恭敬地侍奉它们才是求存之道，如果依靠兵力和权谋，国家很快就会灭亡。今天我若好生送你回去，你一定会再跑到别的国家去宣传你的主张，给我们带来很重的祸患！”说罢，卫王命人砍了他的双脚，把他押送回鲁国。

故事中孟家儿子与施家儿子所宣传的主张相同，然而却得到了不同的结果，这就说明，做什么事情都要分析清楚形势，顺势而行则昌，逆势而行则亡。企业发展也是这样，学习别人的经验时，要看清楚自己与别人的差别，因为适合别人的发展道路并不一定适合自己，任何忽视了历史和环境的盲目模仿都是不明智的举动。

有时候自己的东西就是最好的

很多时候，生搬硬套，机械地模仿别人，不但不能学到别人的长处，还会忽略自己原有的智慧。学来学去，折腾了一大圈，筋疲力尽的时候才发现，自己的东西原来才是最好的。因此，只顾学习别人的东西，忘记了自己原本的东西，是一件得不偿失的事情。

《庄子》中记载了这样一个故事：相传两千年前，燕国有一个少年，十分缺乏自信，总觉得自己走路的姿势不好看，这件事成了他的心病，他做梦都想学会一种好看的走路姿势。有一天，他去附近的一家酒馆吃饭，听到隔壁桌的客人在聊天，无意中得知邯郸人走路的姿势特别美，他心中一阵窃喜，从此，邯郸人的走路姿势就经常出现在睡梦之中。终于有一天，他不顾家人的劝告，跑到遥远的邯郸去学习人家走路。

他到了邯郸，感觉一切都是好的，什么都是新鲜的。他站在街中央观察和模仿别人走路，发现小孩子走路是活泼的，老年人走路是沉稳的，女人们走路是摇曳多姿的，男人们走路是铿锵有力的。就这样，他学了各种走路姿势，半个月后，所有的盘缠都花光了，可他什么也没有学会，还忘记了自己原来是怎么走路的，只好爬着回家去了。

“邯郸学步”的成语就是由此来的，比喻不考虑自身的情况，机械地模仿别人，不但学不到别人的长处，反而会把自己的优点和本领也丢掉。

由此可见，我们在学习日本的管理经验时，不能太过急功近利，热衷于追求快餐效应而忽略自身情况，一味地复制别人的成功，很可能连自己的成功经验也丢掉了。

·7·

管理他人前，先管理好自己

南怀瑾先生在接受采访的时候曾经多次提到过作为领导应该懂得的处事艺术，他认为，做领导的在管理别人之前应该先管理好自己，正所谓“后其身而身先，外其身而身存”，就是说一个人如果肯谦逊地把自己放在众人后面，众人反而愿意推选你为领先的人，如果肯大公无私地把自己的生死置之度外，反而能够保全自己的生命。同样的道理，如果一个人在管理别人之前先管理好自己，别人反而愿意听从他的管教。

子贡在向圣人孔子求教如何做君子时，孔子回答“先行其言，而后从之”就是这个意思，想要别人服从管教，就要先起好带头作用。用到管理学上，就是要求领导少说空话，把行动摆到言论前面。如果领导能够先管理好自己，做给大家看，起好示范作用，在群众心中就会有很高的威望，大家自然就会追随你。

通俗地说就是，做领导的应该有范仲淹“先天下之忧而忧，后天下之乐而乐”的精神，遇到困难的、吃力不讨好的事情在下属去处理之前抢先处理，遇到有利可图的、享乐的事情让下属先去，公司制定了规章制度自己先去遵守执行，这样时间长了，下属自然就知道该怎么做了。

做事先做人，正人先正己

古人云:“在其位，谋其政；司其职，负其责。”这句话很恰当地诠释了领导的意义。领导，就是责任，领导手中的每一分权利都对应着一分责任，因此做了领导的人要对工作认真，敢于承担责任。如果工作出了问题，不能凭借自己手中的权力把罪责全部推给下属，让自己置身事外，否则，下属心中存有怨言，怎么会服从管理呢？

历史上有名的“李离伏剑”的故事就是一个领导敢于承担责任的典范。相传春秋时期，晋国有一个名叫李离的狱官，一次他负责审理一件案子，由于错听了下属的汇报，又没有及时查证，致使一个人蒙冤而死。后来事情水落石出，李离心中十分懊悔，便把自己拘押起来，准备抵当死罪。晋文公知道他是一个好官，不忍心看他这样死掉，就帮他辩白说:“官阶有高低，处罚也有轻重，这案子是下面人弄错了，并不是你的罪责啊！”李离却说：“相比较下面的人来说，我的官职更大。我的权力大，也没有让权给下属过；我拿的俸禄多，也没有给下属们分享过，现在出现了严重的错误，我怎么能将责任推到下属身上呢？”说罢，拔剑自刎。

像李离这样“严于律己，宽以待人”的领导确实是让人敬佩的，他为了维护法律的尊严，为了承担责任，不惜付出生命的代价，被后人传颂至今。由此可见，管理者要想管理好下属就必须以身作则，那种“只许州官放火，不许百姓点灯”的言行必将失去民心，只有事事作出表率，在员工心中树立威望，才能够上下一心，提高管理效率。

模范的力量是无穷的

如果我们抱着学习的心态仔细地观察那些成功人士，就会发现他们身上有一个共同点：对自己要求严格。他们说一不二，敢做敢当，从来不会花多余时间去硬性要求别人做这做那，而是在事情发生时一马当先地解决，把集体的事情当作自己分内的事去做。这样，无形之中身边的人就会受其感染，职场中的正能量就会传播开来，这样的工作氛围还需要管理吗？

管理界有一个十分经典的故事《幸岛短尾猴》，讲的就是榜样的力量。幸岛是短尾猴的故乡，位于日本南部宫崎县。科学家在对这群猴子研究的过程中发现了一个非人类种群表现出的文化现象——猴子也会清洗红薯。

1952年，日本京都大学的一位教授带着几名学生对短尾猴进行了观察和研究，在此期间，他们特意在短尾猴生活的沙土中种植了红薯。红薯成熟后，猴子们开始将其当作食物来吃。但是，它们没法将上面的土全部弄干净，吃起来很磕牙。一次偶然的机会，一只聪明的猴子将红薯拿到水里洗了一下，再吃的时候就没有那种磕牙的感觉了，它高兴地把这件事情告诉了其他的猴子，随着时间的推移，整个岛上的猴子都知道了这个办法。再后来，人们就看到了这样一个奇观：在皎洁月光下，很多只猴子排着队在河边洗红薯。

模范的力量是无穷的，连猴子都能受身边的影响而去做正确的事情，何况我们人类呢？

在企业管理中，如果领导肯在管理别人之前先管理好自己，给自己定好目标，坚持去做正确的事情，这种行为就可以影响到下一个层次的领导，而下一个层次的领导又会影响到自己的下属，久而久之，整个企业的人都会受到这种影响，最终形成聚合效应。可见，在一个团队中，管理好别人的关键是先管理好自己。

·8·
管理切忌好为人师

过分自信，完全听不进别人意见的领导是不明智的。孟子曰“人之忌，在好为人师。”意思是说，人与人相处，最大的忌讳就是狂傲自大，喜欢当别人的老师。尤其是那些在才能上没有过人之处、不思深造精进且又以人师自居的领导，结果只能害人害己，因此身为领导，切忌好为人师。

正所谓“精神到处文章老，学问深时意气平”，这与“响水不开，开水不响”是一个道理，真正有才能的人都是低调的，但凡高调叫嚣、狂妄自大的人都是没有真本事的。南怀瑾先生曾经说过：“一个人如果觉得自己很了不起，比别人都高明，那就完了。因此，做领导的，懂得就是懂得，不懂就是不懂，这就是最高的智慧，不要硬充自己懂，否则就是真愚蠢。”

好为人师者往往都有一颗傲慢好胜的心，总认为自己既然有能力处在领导的位置上，就一定有过人之处，在这种骄傲心理的驱使下，处处教训别人，事事指导别人，做决定的时候很容易固执己见，刚愎自用。然而，没有真正认识到自己缺点的人不足以谈优秀，当领导的一定要敢于自我剖析，承认自己的不足，虚怀若谷，善于发现别人的长处。

优秀的领导敢于承认自己的不足

子曰：“知之为知之,不知为不知,是知也。”然而，在现实生活中，勇于自我批评，当众承认自己的不足是需要很大的勇气的，只有真正的强者才能做到。身居高位的管理者应该从多方面要求自己，克服人性中刚愎自用自以为是的弱点，敢于承认自己的不足。

三国时期的曹操就是一位敢于承认自己的错误并且虚心接受别人正确意见的领导。每次与人交锋，无论输赢，他都要总结经验教训。当初张绣反叛的时候，曹操战败，他自我检讨说“张绣投降了我，我没有马上收取他的家属做人质，他才敢反叛，造成了今天的局面。我已经吸取教训，从今往后不会再犯这样的错误了。”

建安十二年，曹操北征乌桓，出其不意，以少胜多，然而，他回来之后却大肆的封赏了当初那些提反对意见的人，他说：“我这次出征非常危险，靠运气才侥幸赢了。这种事不会多，你们的劝谏，是真正的万全之计，所以要赏赐你们，以后不要为提这种意见感到为难。”建安十三年，曹操赤壁之战惨败，八十三万大军被孙刘联盟的五万军队聚歼，心痛之余，曹操把将士们召集到一起，分析了此次战败的原因，他首先自我剖析说：“我们八十三万大军挥师南下，却败于孙刘五万军队，为何？我看最根本的原因就是最近这些年我们胜仗打得太多了，兵骄将怠，文恬武嬉，轻敌自负，尤其是我，居然连一个小小的苦肉计都未能识破，致使东吴火攻得手，由此看来，我们是到了该吃败仗的时候了。”

曹操能够将自己放在一个很低的位置上，虚怀若谷，取长补短，是百年难得一见的政治军事奇才，连鲁迅先生都曾经称赞道：“曹操是一个很有本事的人，至少是一个英雄。我虽不是曹操一党，但无论如何，总是非常佩服他。”

善于发现别人的优点才能取长补短

金无足赤，人无完人，人生在世，没有谁是十全十美的，难能可贵的是善于发现别人的优点。子曰：“三人行，必有我师焉，择其善者而从之，其不善者而改之。”意思是说，别人的言行举止必定有值得我们学习的地方。选择别人好的地方加以学习，看到别人的缺点，反省自身有没有同样的缺点，如果有，加以改正。身为管理者，更要善于发现别人的优点，然后才能取长补短，皆为所用。

从前有位农夫，家里有两只水桶，一只是完好的，另一只则是有一道裂缝，这位农夫每天都用一根扁担挑着两只水桶去河边打水。

从河边回家的途中，那个裂缝的水桶每次都会漏掉半桶水，而另一只水桶总是满满的。然而，过了一年又一年，农夫依旧用那个裂缝的木桶打水，并没有买一只新木桶的打算。

完好的木桶因为自己的完美而洋洋自得，时常嘲笑那只有裂缝的木桶，而有裂缝的桶也因为自己的缺陷而羞愧。时间一天天过去，完好木桶的嘲笑声越来越大，有裂缝的木桶终于忍不住向主人请辞，它说："我觉得很惭愧，因为我身上有裂缝，一路上都在漏水，害您每次都只能担半桶水到家。"然而，农夫却笑了，他说："你注意到了吗？在你那一侧的路沿上开满了花，而另一侧却没有。我从一开始就知道你有裂缝，于是在你那一侧的路沿撒了花籽。每天担水回家的路上，你都在给它们浇水，我现在经常采摘鲜花来装扮我的餐桌。如果不是因为你所谓的缺陷，我怎么会有美丽的鲜花来装饰家呢？"

农夫是个聪明人，能够在有缝隙的木桶上发现它的优点，并且合理地加以利用，为自己带来意想不到的收获。

在这个世界上，每个人都像是有裂缝的木桶，有着各自的优点和不足，倘若有个能够包容别人的缺点、善于发现别人的优点的领导，那么木桶所到之处自然会开出鲜花。

·9·

管理并不等于惩罚

团队是由个性鲜明的个体组成的，就如同一片树林，不同种类的鸟儿聚在其中，构成了一个复杂的生存环境。面对这些心态各异的个体，最有效可行的管理绝不是单纯的惩罚。然而，在企业管理中，把管理和惩罚等同起来的管理者很多，殊不知，与惩罚相比，宽容和激励反而更能达到好的管理效果。

南怀瑾先生一向提倡待人宽容，他说："做领导的第一个修养就是容忍，不能对下属管得太严，更不能盯着下属的缺点不放，领导者度量要大，要能对'有理取闹'的行为包容原谅，能'忍人所不能忍，行人所不能行'。

再看现在的一些中小企业管理层，俨然把管理和惩罚混为一谈。他们在公司制定出各种各样的规章制度，如果下属稍有违犯就实施各种各样的惩罚，批评、扣奖金、取消休息、惩罚性加班等手段层出不穷，更有甚者还在法律和道德的空白地带对员工实施人身攻击。且不论这些处罚的力度大小是否合适，只看这样做的效果，能否让被罚者心服口服？能否为公司的发展带来好处？恐怕没有人敢给出绝对肯定的答案。

宽容是一种智慧

当有人犯错时，能够做到隐忍不发并且笑脸相待的人并不多，所以，宽容是一个考验人素质的品德。尤其是当领导的，就算怒火中烧，也能为了达到更好的管理效果而把怒气压下去，这样的领导才能管理好团队，激发出员工的潜能和优势。

在一座寺院里，有一位德高望重的长者，有天他路过寺院后墙的时候发现了一把椅子，很明显是有人踩在椅子上翻了出去。私自翻墙出去是寺院的禁忌，这位长者悄悄地把椅子搬开，独自在这里等候。到了晚上，一个小和尚探头探脑地出现在高墙上，他顺利地翻过墙，踩到原先放椅子的位置，感觉脚下很软，不像是之前那把椅子，于是跳下来一看究竟，这才发现自己私自翻墙出寺院的事已经被长者知道，而且刚才接住自己的正是长者，吓得慌忙逃走了。

以后的日子里，小和尚每天都在惶恐地等着长者的惩罚，然而，长者并没有再找过小和尚，也没有再提过这件事。小和尚从长者的宽容中幡然悔悟，此后再也没有翻墙溜出去玩，而是刻苦修炼，成了寺院里的佼佼者。再后来，长老圆寂，他成了新的长老。

小和尚能够由原来的调皮贪玩变成后来的刻苦修炼，正是当年那位长者对他宽容的结果，可见，宽容是一种智慧，只有心胸开阔、能够接纳别人缺点的人才能够宽容待人。因为相信别人心底的善念，自然可以生出善念来。作为领导，能够放下执着，多一些耐心，对下属多一些宽容，反而能收到意想不到的管理效果。

奖励或许比惩罚更有效

奖励和惩罚是管理界公认的两把利器，然而，大量的研究表明，当员工做错事时，不得当的惩罚会挫伤其积极性，让其产生逆反心理；而适当的激励却能激起其心底的羞耻心，让其心甘情愿地承认错误，承担责任。

陶行知先生是中国近代伟大的教育家，在他的教育理念里，宽容和民主是最主要的。他当校长的时候，有一天在校园巡视，看到一个男生用砖头砸同学，性质十分恶劣。他上前制止男孩并叫他去校长办公室。等他巡视完毕回到办公室的时候，发现那个男孩已经在办公室里等着了。这个男孩一脸畏惧，以为陶行知会严厉地责备他，谁知陶行知竟然出人意料地掏出一块糖给这个男生："这个糖是奖励你的，因为你比我先到了办公室。"男孩一脸诧异地接过糖，陶行知又掏出一块递给他："这块糖也是给你的，因为我不让你打同学，你立即住手了，说明你尊重我。"男孩还没有反应过来，陶先生又掏出一块糖给他，说："据我了解，你打同学是因他欺负女生，说明你很有正义感，我再奖励你一颗糖。"这时候，男孩终于忍不住，感动地哭了出来，说："校长，我错了，同学再不对，我也不能采取这种方式。"陶先生于是又掏出一颗糖："你已认错了，我再奖励你一块。我的糖发完了，我们的谈话也结束了。"

陶行知先生把宽容的作风融入到生活中的方方面面，他四颗糖的奖励不费吹灰之力地让男孩认识到了自己的错误，相信这样的管理方式比惩罚更能让故事中的男孩记忆深刻。这就是聪明的管理者的智慧，也是奖励管理的效果。

把管理等同于惩罚本身就是对管理的误解，这样的管理者在初始的时候就忘记了管理的初衷，只是把手中的权力当作耀武扬威的工具，就算能压制住下属一时，也不会起到很好的管理效果。俗语说：“必有忍，其乃有济；有容，德乃大。”有时候制约太多、束缚太紧，反而不利于发展，当面对工作中一些非原则性的小错误时，奖励或许比惩罚更有效。

Part 5

宁可输事，不可输心

——南怀瑾谈商业道德

子曰：“富与贵，是人之所欲也；不以其道得之，不处也。”意思是说，富贵和显赫，是人们所想要的，然而若不是以正当的方法获得，君子是不会接受的。这句话就是在强调道德的重要性，当今社会，坑蒙拐骗、尔虞我诈，商业道德已经到了一种不谈不行的地步。南怀瑾先生认为，人生的乐趣并不是物质上的丰富，采取非法的、不道德的手段获得财富是极为可耻的，人生如浮云，聚散不定，看透了这一点，才能不受物质的诱惑、虚荣的惑乱。

·1·

当“商业伦理”遇见“社会责任”

追溯商业历史很容易发现一个规律，即财富和名誉的最终归属权总是属于那些有社会责任心的经营者。俗话说，“德乃做人之本，才乃成事之基”，无论朝代如何更迭，世人对德的要求从来没有打过折扣，企业用人也是以德才兼备为标准。一个想要做一番事业的企业经营者若是让“德”成了短板，那么他的经商之路也很难走得长久和太平。

南怀瑾先生在讲到工商伦理和社会责任之间的关系时曾经列举了很多没有社会责任心的经商行为，比如招摇撞骗、烧杀抢夺、不负责任、不讲信用、偷工减料等，这样做的后果就是商业道德不知不觉地受到腐蚀，之前那种让经营者引以为豪的商业信誉逐渐淡出人们的视线，整个社会的物质文明呈畸形发展状态。

在这个“三聚氰胺”、“瘦肉精”、“彩色馒头”、“地沟油”、“苏丹红”等商业丑闻愈演愈烈的时代，人们终于发出了内心最迫切的吼声：商业活动牵涉广泛，几乎涵盖人们生活的方方面面，如果企业没有责任道德心，将会给人类的健康带来严重的恶果。从企业自身的角度来考虑，企业的荣衰输赢在很大程度上也取决于企业经营者的道德修养，只有将“良心”放在利益的前面，穷富不改其志，才能驾驭未来、驾驭财富！

人无信不立，业无信不兴

中国古代伟大的教育家孔子曾说：“人而无信，不知其可也。大车无輗，小车无軏，其何以行之哉？”他用一个很形象的比喻来告诉人们，大车没有輗、小车没有軏就会无法前行，而不讲信用的人也将寸步难行。无论在什么时代，言而无信、没有道德都是自取灭亡的行为。

古时候，有个思想开阔、头脑灵活的年轻人叫赵小二。赵小二闲来无事去集市上逛街，发现集市上人特别多，酒馆又少，于是灵机一动，在集市上开了个酒馆，叫“实惠酒家”。小店刚开张，赵小二为了招揽生意，东西卖得很实惠，用店里最大的碗给客人盛酒，酒也是上乘的好酒，从来不弄虚作假，价格还十分公道。因此，每天生意兴隆，客人爆满，不到天黑，酒就卖完了。

赵小二心思活络，见生意如此好做，就打起了歪主意，把大碗变成了小碗，酒里也开始掺水，但是还卖原来的价格，为了掩人耳目，他骗人说里面是加了名贵中药材。客人对赵小儿的话将信将疑，但是也不好求证，反正集市上也没有别的酒家，还是将就着在赵小二家喝酒，赵小二比以前赚得更多了。然而，人怕贪得无厌，尝到甜头的赵小二已经在“不负责任”的道路上刹不住车了，碗越换越小，水越加越多。直到后来，客人已经无法从赵小二的酒里喝出酒味的时候，就不再来了。赵小二“实惠酒家”的招牌像一个讽刺的匾额一样在风中立着。

终于有一天，小二扛不住了，打算关门，此时来了一个白胡子老头，问他："你还想让生意火起来吗？"赵小二急忙点头，老头说："拿纸笔，我给你写个方法。"随后在纸上写上了"道德"两个字。赵小二联想起自己的所作所为，后悔不已，于是把酒馆改名为"只赚一文钱酒家"，从此诚信经营，坚持一碗酒就赚一文钱，生意又逐渐好了起来。

赵小二的酒馆几经波折，从生意兴隆到生意冷清再到生意兴隆，中间只差了一个诚信，可见，有责任心、诚信经营生意就好，没责任心、欺骗消费者生意就差。信誉是一笔无形资产，对于企业家、商家而言，信誉优良是事业健康、持续发展的关键，而前提就是经营者要有社会责任心。

商业伦理和社会责任并不冲突

中国有句老话："有多大担当才能干多大的事情。"从这个意义上来说，商业伦理和社会责任并不冲突，再放眼商界就会发现，那些真正在商路上走得平稳踏实的人都是敢于承担社会责任的人。

刘镛是清代中晚期的商人，位居晚晴"南浔四象"之首，是中国历史上有名的敢于承担社会责任的商人，曾被光绪皇帝钦赐"乐善好施"牌匾以示表彰。

刘镛运用自己的聪明才智，经过一番辛苦劳作，终于成为富甲一方的商人。他富裕之后，并没有沉醉在享乐中，而是自觉地扛起了作为"富人"的责任。有一年夏秋相交之际，天气炎热，刘镛经商途中，看到百姓饱受寇盗蹂躏，房屋田产多遭毁坏，满目疮痍，于是慷慨地把经商的本钱拿来赈济灾民。他"施医药，举掩埋，收养流亡，恤赎孤寡"，每天不辞辛苦，亲自奔走在秽气暑热之中，终于大病一场，险些丧命。

随着财富的积累，刘镛觉得自己应该承担的社会责任越来越大，为了能长期推广善行，救助乡里，他拿出数万银元，借贷生息，每年取利息购米济灾，名曰“爱米”。他常说，富足之家就好比肌肤充盈的人身，看起来很健康，但若是阳气太盛，则反而会伤及脏腑。他深知财富过多容易奴役人的性情，反受其害，所以将赈灾义举比作为自己治病。

刘镛致富不忘本，勇于承担社会责任，堪称儒商的典范，深受乡邻爱戴。有史书记载，刘镛去世之时，远近百姓得知，纷纷前往吊唁，哭声一片。

诚实守信、勇于负责是君子历来信奉的人生信条，古人常用的“一言九鼎”、“一诺千金”等成语都是用来比喻承诺的分量和贵重。“诚”与“信”可以说是中国传统文化的基石，任何违背道德、不信守承诺、为眼前利益不惜损害社会利益的经营者都将自食恶果。

·2·
勤俭，让传统美德来教导商界修为

勤奋节俭是中华民族的传统美德，是古代圣贤留给我们的治世箴言，正所谓“历览前贤国与家，成由勤俭破由奢”，小到个人、家庭，大到国家、社会，要想取得长久的稳定和发展，都需要牢记“勤俭节约”的优良传统。一粥一饭，当思来之不易；半丝半缕，恒念物力维艰。企业是团队成员的第二个家，身为领导，更要在勤俭节约方面身体力行，做好榜样。

南怀瑾先生说，汉朝刘邦统一天下以后，为了使国家富裕起来，他先从“休养生息”做起，提倡节俭，以使社会安定、经济发展。中国人的经济思想哲学是“勤俭”，也就是要勤劳节省。而现代社会发展太过奢侈，违背了勤俭二字，这是非常严重的。

时代的进步造就了极大的物质财富，勤俭节约的优良传统在奢靡腐败的风气中逐渐消失，当前社会更多地是在上演超越现实、盲目攀比、斗富摆阔、一掷千金的畸形消费，很多原本前途无量的企业也以自绝后路的方式为这些挥霍买单。古人云，“兴家犹如针挑土，败家好似浪淘沙”，要想家业兴旺是很不容易的，但家业败落却十分容易。因此，我们要养成勤俭节约的习惯，把其当成做人做事的原则，这样才能稳固来之不易的家业。

“勤”和“俭”向来不分家

勤俭就是勤奋节俭，我们总是习惯性地把这两个字组合在一起，意思是勤和俭不能分家。只勤奋，不节俭，存不下余粮；只节俭，不勤奋，坐吃山空。“勤能补拙，俭能补贫”，二者相辅相成，缺一不可。

相传很多年前，中原的伏牛山下住着一个叫吴成的农民，他虽然不是达官贵人，但是靠着勤俭节约，日子过得无忧无虑。他临终的时候，把一块写着“勤俭”的匾额交给两个儿子，并且十分谨慎地叮嘱他们，要想一辈子不愁吃穿，就要严格遵照这两个字过日子。

吴成去世之后，两个儿子开始分家，这块匾额也被锯成两半，老大拿了“勤”字，老二拿了“俭”字。回到家后，两兄弟分别把字悬挂在正厅。分到“勤”字的老大十分勤劳，每天日出而作，日落而息，年年六畜兴旺，五谷丰登。然而，他并不懂得节俭，过日子大手大脚，总是将新做的衣服穿两下就扔了，白面馒头吃两口就丢掉，很多年过去，家里依然一穷二白，没有什么积蓄。老二拿到“俭”字，就忘记了“勤”字，整日里游手好闲，疏于劳作，虽然节衣缩食，然而每年存下的粮食并不多。到了大荒年份，两兄弟只好挨饿受冻地煎熬度日。后来二人醒悟，将“勤”和“俭”两个字重新合并在一起，辛勤劳作之余还十分注重节俭，日子终于越过越好。

勤和俭就像两根水管，一根往池中注水，一根往外流水，我们在注重勤劳的同时注重节俭，就像极力开启注水的水管之后又尽力关紧流水的水管，这样池中的积水自然会越来越多。

凡事有度，过分的节俭不可取

勤俭节约固然是中华民族的传统美德，然而过分的节俭却是不可取的，很多时候，过度节俭会因小失大，造成不必要的损失，反而成了最大的浪费。小说《葛朗台》中的老葛朗台，生前处处算计，事事计较，临死的时候不掐灭灯油不愿意闭眼，这种过分的节俭是没有必要的，若只能如此节俭地过一生，那么生命就没有什么美好可言了。同时，不必要的勤俭还会造成人性上的缺陷，在企业中，过分的节俭容易激起下属的反叛心理，使之丧失工作动力和激情，需要引起注意。

有新闻报道称，卫生间是老年人骨折的第一高发地，就是因为老年人比较注重节俭，洗脸水想留着洗衣服然后再冲厕所，结果水渍弄得到处都是，老年人眼神不好，容易被绊倒和滑倒。也有一些生活节俭的老年人，喜欢捡子女穿旧淘汰的衣物和鞋子，有时候鞋码并不合适，上下楼梯的时候容易因为鞋不跟脚而扭伤脚踝。另外，有调查显示，老年人常犯哮喘的一大原因也和他们不舍得更换棉被等床上用品有关。

更有甚者，一些比较节俭的老年人为了省电，看电视不开灯，结果患上青光眼；过期的药不舍得扔掉继续吃，险些致命；小区老人凑钱买膏药轮流贴，引发过敏；老两口共用一副老花镜，导致头晕、恶心等不良反应……这些都告诉我们：过于节俭会因小失大，丢掉健康。

然而，抛开过度节俭导致的个人健康问题不谈，从大的层面来说，如果人人都不消费，社会又怎么能取得进步？如果人人都自给自足，物品的丰富性还拿什么来促进？可见，片面强调节约，并不利于经济的发展。

总的来说，我们提倡勤奋，要在保障不损害身体健康的情况下勤奋，我们提倡节俭，要在不因小失大的基础上节俭，凡事从实际出发，不走极端才是正确的思路。

·3·

知恩图报，成功者不可或缺的人生课

知恩图报是中华民族质朴的传统，也是做人最起码的道德和良知。古人早有圣训："滴水之恩，当涌泉相报。"知恩图报不只是一种心态，更是做人的境界，乌鸦尚且知道反哺，羔羊尚且知道跪乳，何况我们人呢？然而，从企业管理的层面来说，不只是员工对管理者要有感恩的心，管理者对员工也要如此。身为领导，如果对员工怀有感恩的心，就会提高员工的忠诚度，带动公司的感恩文化，员工为了报恩，自然会全身心地投入工作。

南怀瑾先生在讲解论语和佛学的时候经常提到做人做官都要懂得知恩图报，这样才能对得起别人的信任和帮助。他说，"有恩不报非君子"、"一饭之德必偿"，这些都是中华民族的传统美德。忘恩负义、以怨报德历来被社会所谴责，为民众所憎恨。

"喝水不忘挖井人"的道理似乎人人都懂，然而，每每取得一点成绩的时候，我们想到的首先就是自己的付出，把别人的帮助抛之脑后。尤其是在企业培养员工的时候，只强调企业给员工提供的待遇，领导对下属的知遇之恩，从来不反过来考虑，如果没有这些员工，公司是否还能继续发展，领导是否还能高高在上地发号施令？须知，当前企业之间的竞争主要表现为人才的竞争，要想留住员工的人，就要留住员工的心，领导对下属怀有感恩的心，下属才会对企业更加忠诚。

君子当知恩图报

知恩图报是人类情感的良性互动，以感恩的心面对别人的点滴帮助，有利于构建“我为人人，人人为我”的和谐社会。古往今来，很多成大事者，在人生的课堂上从来不敢忘记知恩图报这一节。懂得感恩的人，是善良的人，是有情有义的人，只有这样的人才能称得上君子。

中国历史上杰出的军事家，与萧何、张良并称为汉初三杰的西汉开国功臣韩信就是一位知恩图报的人，他的一饭千金的报恩故事一直被当作典范流传至今。

相传韩信年轻时家境贫困，父母早逝，他常常被人欺负，每天过着食不果腹的日子。由于没有食物可以充饥，他只好来到河边钓鱼。有一天，他在钓鱼的时候碰到一个正在河边洗衣服的老婆婆，老婆婆见他骨瘦如柴，面无血色，猜到他已经很久没吃饭了，就把自己带来的午饭送给了他。此后的几天，老婆婆每次来这里洗衣服都会碰到韩信，并且把带来的饭给他吃。难得饱餐一顿的韩信十分感激，他对老婆婆承诺将来有机会一定会报答，老婆婆却笑着说：“我不需要你报答，只希望你能努力自立。”韩信听罢，十分羞愧，从此更加努力学习兵书，练习武艺，立志成就一番事业。

功夫不负有心人，通过自身的努力加上萧何的极力推荐，韩信终于被刘邦重用，拜为上将。帮刘邦打下江山之后，他被封为楚王，回到家乡，他做的第一件事就是派人找到当年赠饭的老婆婆向她道谢，并赠她黄金千两。

韩信念念不忘曾经帮助过自己的人，是当之无愧的君子，他留给后人的财富中，知恩图报的处世哲学远比他的军事理论更让人刻骨铭心。

报恩是施恩的动力

虽说很多品德高尚的人施恩并不是为了别人的回报，然而，从社会的长远发展来看，报恩却是施恩的动力。父母养育子女一定程度上是希望自己能够老有所养，企业发给员工薪水是希望员工能够努力工作，有人施恩，有人报恩，有来有往，才能让人类的互助行为在良性轨道上运转。

2007年8月22日《楚天都市报》报道了一则新闻：8月中旬，襄樊市总工会、市女企业家协会联合举行的第九次“金秋助学”活动中，主办方宣布：五名贫困大学生被取消继续受助的资格。原因是，这五名贫困大学生受助一年多，没有主动给资助者打过一次电话、写过一封信，更没有一句感谢的话，受助大学生的冷漠逐渐让资助者寒心。

这件事情被报道出来之后，在社会上引起了强烈反响，有拿“施恩图报非君子”这句话来批评资助者的，也有拿“知恩不报是小人”这句话批评这几名受资助的大学生的。总之，双方各执一词，一时间众说纷纭，莫衷一是。

其实事情很简单，从双方的收入和地位来看，这些企业家资助这些大学生的目的并不是为了他们的报答，只是希望自己所帮助的人是有情有义、道德上没有缺失的人，而这些学生连语言上的表示都没有，企业家们很难找到有力的证据证明自己资助了该资助的人。

俗话说“德不配位，必有灾祸”，知恩图报是道德的重要考核标准之一，道德没有缺陷的人才配得上高位。身为领导，如果不知道感恩，认为只要发了工资别人为自己做什么都是应该的，迟早会寒了下属的心，进而落得众叛亲离、孤家寡人的下场。

·4·
圣人之道，为而不争

南怀瑾先生在《老子他说》中赞扬周勃与灌婴的辅助治国的权术手段，称其够高明和美好，基本合乎老子《道德经》“枉则直”的原则。事情是这样的：窦太后与窦家兄弟三人出身低微，道德修养很低，他们掌权当政之后，周勃与灌婴担心会重复刚平定的外戚之患，老年遭受迫害。于是，他们决定从教育做起，为之择师傅和宾客，通过点点滴滴的事情来影响和感化他们。最终，受到良好教育的窦家兄弟成为知书达理、与世无争的谦谦公子，这样一来，不但窦氏一族世泽绵长，汉朝也安稳牢固，传世多代。

正所谓“圣人之道，为而不争”，南怀瑾先生之所以讲述这个故事，就是想告诉我们，天下最大的自私就是无私，天之至私，用之至公。大公无私到极点，即是大私，大公与大私本无一定的界限，都是人为的分别而已。身为领导，如果能够与物无争，与世无争，就能永无过患而安然处顺，从内而外散发出一种令人尊敬的气质来，在管理别人时不怎么费心就能达到很好的效果。

不争者胜天下

古人常把水比作君子，认为世间最高境界的善行就像水的品性一样，泽被万物而不争名利，自居下流，藏污纳垢包容一切。老子曰："上善若水，水善利万物而不争，处众人之所恶，故几于道"，说的就是这个意思。人生之道，莫过于此，心境培养到像水一样，能够容纳百川、深沉渊默时，离成功也就不远了。

三国时期，曹操在选拔接班人上无意中成就了一个不争者胜天下的故事。曹操的大儿子去世得早，二公子曹丕作为长子被选为太子，然而，在曹操的几个儿子当中，曹植的名声最大，并且最有才华，最懂得讨曹操的欢心，几番比较之下，曹操一度产生了想要换太子的念头。

曹丕知道了曹操的想法后十分害怕，向身边的大臣贾诩讨教对策。贾诩说："愿您有德性和度量，像个寒士一样做事，兢兢业业，不要违背做儿子的礼数，这样就可以了。"曹丕听了贾诩的建议，开始逐渐提高自身的道德修养，既然争是不争，不争是争，与其争不赢，不如不争，自己只需恪守太子的本分即可，至于别人怎么表演，那是别人的事。

一次曹操亲征，曹植一如既往地高声朗诵自己的诗文为曹操歌功颂德，同时在文武百官面前显示自己的文采，而曹丕却伏地而泣，跪拜不起，一句话也说不出。曹操问他什么原因，曹丕便哽咽着说："父王年事已高，还要挂帅亲征，作为儿子心里既担忧又难过，所以说不出话来。"

曹丕的话让满朝文武及曹操本人深为感动，相比较曹植更能彰显人子孝道，于是曹操在大臣的极力劝说下打消了换太子的想法，曹丕在曹操死后顺理成章地当上了魏国的皇帝，这场兄弟之间的夺位之争，以曹丕的不争而终。

同心同德才能克敌制胜

人生来就和别的动物一样，争强好胜是本性，为的就是让自己多得到一点利益。然而，人又有和其他生物不同的一面，人类懂得学习，学习之后的聪明人懂得了比“争”这种原始本能更高明、更有效的获得利益方法，如果运用得当，就能取得更大的利益，这种方法就是“不争”。在一个团队中，领导者若不争名夺利，除了能够提升自己在团队中的威望之外，还能使大家受到“不争”风气的影响，久而久之，形成良好的工作氛围，团队中的个人不再为自己的一点利益而争，大家同心同德，为了团队利益而奋斗，就能取得更大的成绩。

北魏时期，吐谷浑部落酋长阿柴有二十个儿子，每一个都聪明能干。阿柴知道，如果儿子们为了争夺大位而相互斗争的话，势必将国家弄得四分五裂，那时外敌入侵，国家很快就会灭亡。

阿柴病重之际，将儿子们召集到一起，让每个人都拿出一支箭，他取出其中一支交给自己的弟弟慕利廷，命其折断。慕利廷接过箭，轻轻用力一折，那支箭就断成了两半。他又将余下的十九支箭交给慕利廷，再令其折，这次，慕利廷用尽了浑身力气也没有能够折断。阿柴语重心长地告诉大家：“一支箭容易折断，但是十九支箭合在一起就不容易折断。对于国家来说也是一样，如果内部分裂，各行其是，像一盘散沙一样，这样根本没法抵御外敌，国家很快就会灭亡。但是如果大家同心同德，国家就能长治久安。”

阿柴死后，吐谷浑部族的人们都听从了他的遗训，不为个人利益而争，心往一处想，劲往一处使，部落越来越兴旺，在遭遇外敌入侵的时候也能够无往而不利。

从管理的角度来说，企业就像一个小国家，管理者就像国家领导人，只有持有这种“不争”风范，才能赢得下属的尊重和拥戴，到头来反而没有人能够与自己相争。因此，可以说“不争”是一种充满大智慧的做人与处世哲学。在名利面前，能够克服人性多吃多占的弱点，才能够安身立命、无心插柳柳成荫，获得更大的成功。

·5·
珍惜声誉犹如珍惜生命

在诸多古代成功商人中，南怀瑾先生最喜欢孔子的得意门生子贡，不仅因为他在理财经商方面很有天赋，还因为他的道德素养高。在南怀瑾先生眼中，子贡几乎奠定了中华儒商的文化基础，他的经商理念有着很深刻的文化内涵，可以说，子贡是一个珍惜自己的声誉犹如珍惜生命的人。

若把子贡的经商原则概括一下，可以看出，首先，他诚实守信，说一不二。他深知诚信是立足的根本，因此对待合作伙伴总是一诺千金，从来不失信于人。这使他在商路上赢得了很好的信誉，赢来了一批比较稳定的合作伙伴。其次，子贡见利思义，正所谓“君子爱财，取之有道”，那些不义之财他是万万不会取的，这更加奠定了他在商界的地位。第三，他富而不骄，虽然因为经商颇有所成而富甲一方，但是他并不嫌贫爱富，在他的结交对象中，有很多贫者。子贡种种珍惜声誉的经商风气被后世尊称为“端木遗风”，而他本人也被后人奉为财神。

在现代的企业经营过程中，声誉在利益面前仿佛成了可有可无的东西，弄虚作假、缺斤少两、坑蒙拐骗、强卖强买等现象屡禁不止，更有的企业为了眼前的一点利益，不惜毁坏自己的名誉。毫无疑问，这样的企业不但不能经营长久，经营者还有可能惹上牢狱之灾。

声誉是无价之宝

英国伟大的剧作家莎士比亚说：“不管饕餮的时间怎样吞噬着一切，我们要在这一息尚存的时候，努力博取我们的声名，使时间的镰刀不能伤害我们；我们的生命可以终了，我们的名誉却要永垂万古。”可见，声誉是无价之宝，比生命还重要，是多少钱都无法买来的，一旦损坏，很难弥补。声誉就是无形的资产，企业的管理者要小心维护，因为哪怕一件小事毁坏了的声誉，都有可能给企业带来无形的损失。

古时候有一个叫高敬华的人，为人十分忠厚老实，是个看重声誉胜过生命的人。有一天，他急着用钱，就让儿子把家里一匹得了眼病的马卖掉。儿子很听话地牵着马来到集市，很快就卖掉了马。当他拿着钱兴高采烈地回家后，高敬华问他：“怎么这么快就卖掉了？你告诉别人那匹马有眼病吗？”儿子知道父亲一向恪守诚信，就很心虚地说“没有”。高敬华听了很恼火，先是义正辞严地批评了儿子一通，随即拉着儿子去集市上找到那个买马的人。高敬华向买马人解释了情况，又要求儿子向他道歉，并表示如果现在不肯买这匹马，可以把钱分毫不差地退还给他。那个人听了高敬华的话，十分感动，依然决定买下这匹马。二人重新商量好价格后，高敬华把多余的钱还给了那个买马人。市场上知道这件事情来龙去脉的人都十分敬重高敬华，纷纷向他投来赞许的目光。

高敬华的儿子欺骗别人，虽然暂时多得到了一些利润，但是毁掉的却是一家人的声誉，如果买了马的人后来发现马的眼睛有问题回来找他们，那么他们不但会惹来一场麻烦，还会遭到邻里乡亲的鄙视，试问以后还有谁敢与他家做生意？谁还敢再买他家的马？而高敬华注重声誉，宁肯少赚钱也要维护自己的声誉，他知道，盈利是一时的，声誉却是长久的，以长久的声誉换一时的利益，实在不划算。这两种相反的做法得到了两种结果，现代经商者们也需要认识到，黄金失去了可以再获得，然而声誉一旦失去就难以挽回了。因此，不要为了一时的利益而做伤天害理的事，那样只会堵住自己的前路，让自己在生意场上无路可走。

不朽之名誉，独存于德

追溯历史，我们会发现一个普遍的规律：那些注重名声的君子，最终也会因为声誉好而流传千古；而那些不注重名誉、坏事做绝的人，就算生前怡然自得，死后也会留下千古骂名，甚至连子孙都会跟着遭殃。

对于经商者来说，名誉就是生命，一个声誉不好的商人是很难找到合作伙伴的。

三国时期蜀汉的皇帝刘备就是一个很珍惜自己声誉的人，他多次强调自己为人处世的原则就是以仁义为本，从来不乘人之危，不做伤天害理的事，他谦恭下士，待人宽厚，一直被世人称为“仁义之师”，他的军队也被称为“仁义之军”。他所到之处，从来不烧杀和抢夺百姓的东西，深受百姓的喜爱。他治军严正，秋毫无犯，百姓对他很放心，总是希望他能在任地多待一段时间。

拿徐州和荆州来说，当初徐州州牧陶谦和荆州刺史刘表多次将两地让给刘备，而刘备当时兵少粮稀，根本没有一块立足之地，徐州和荆州哪块地盘对他来说都是十分诱人的，然而他却百般推迟。他一不愿乘人之危，二不忍取同宗基业，更何况他是爱惜名誉的人，不能因为一块地盘而毁了自己多年积攒的“仁义”之名，最终以公子刘琦还在为由坚决地拒绝了刘表的荆州。而徐州呢，陶谦临死再次恳求刘备接下，加上徐州后继无人，曹操大战在即，他这才勉为其难地接受了。

刘备临终前对儿子说，勿以善小而不为，勿以恶小而为之，名誉是立身之本，得人心者才能得天下。可以看出，刘备虽然潦倒大半生，甚至在即将五十的时候还脚无寸土，身无寸功，但是身边却有一大批誓死追随的忠勇之士，这都是因为他的人品让人敬佩，他的声誉让人信服。

南怀瑾先生说，没有人不爱好声色货利，但是要注重适度，并且导之正途，才能无害社会。我们经营企业，大部分是为了盈利，因此更要珍惜声誉，长存管鲍之风，走诚信经营的道路，才能在商路上越走越远。

·6·

成功是失败后的坚持

领导是一个团队的精神领袖，是集体中的民心所向，在遇到挫折的时候，要有一颗永不言弃的恒心。古人云：“骐骥一跃，不能十步；驽马十驾，功在不舍。”意思是说，骏马跳跃一次，也不能有十步那么远；劣马奔跑十天能跑很远，原因就在于坚持不懈。世界上没有什么事是可以一蹴而就的，面对失败，只有锲而不舍才能获得成功。身为领导人，要明白自己身上承载着的是整个团队的希望，绝不能轻言放弃。遇到失败，要锲而不舍，再接再厉，说不定下一次尝试就能成功。

南怀瑾先生曾经说：“做学问贵在坚持，对于古人的东西要多看一些，多背一些，才能铭刻于心。外国人敬佩中国功夫，什么叫功夫？我认为方法加上时间，再加上经验，就等于功夫。有方法没有时间练习，怎么会有功夫？任何一种功夫都需要持之以恒。”孔子引用《易经》的话告诉我们，“不恒其德，或承之羞”，如果做事情、修德行，没有恒心，做做停停，三天打鱼两天晒网的，终归不会有好的结果。

所谓坚持，就是要意志坚强。无论做什么事情，都要让自己保持充沛的精力和顽强的毅力，相信自己可以成功，并且为了达成目标而奋斗不懈。

坚持就要承受失败的考验

人们常说，失败是成功之母，只有经历了一次次的失败，并且从中吸取教训，才能最终取得成功。古今中外很多伟人用他们自身的经历向我们诠释了这句话的正确性。马克思曾经说过：“人要学会走路，也要学会摔跤。而且只有经过摔跤，才能学会走路。”可见，要想取得成功，就要经受住失败的考验。

美国伟大的发明家爱迪生是人类历史上第一个利用大量生产原则和电气工程研究的实验来进行发明创造的人，他一生中的发明成果对世界产生了深远的影响。他的许多发明，比如电影摄影机、灯泡、留声机等在很大程度上改变了人类的生活。有人统计，他一生共有两千多项发明，获得一千多项专利。

若把这一千多项专利看作一千多次的成功，那么可想而知，他的一生要经历多少次失败。就拿灯泡来说，爱迪生为了发明灯泡进行了很多次实验，每一次都以失败告终。很多人对他失去了信心，认为灯泡只是他理想的泡影而已，不可能成功，甚至一些专家也讽刺他的研究是徒劳无功、没有意义的。

在巨大的失败面前，爱迪生没有退缩，他将别人的冷嘲热讽视为前进的动力，他知道，每一次失败的时候，只要能从中找到原因，不再犯类似错误，总有一天会成功。就这样，经历了一年多的努力，他试用了六千多种材料，前前后后实验了七千多次，终于成功发明了灯泡。

试想，如果爱迪生没有经受住失败的考验，遇到失败，停止不前，不再继续探索，那么我们还能看到今天这些照明的灯饰吗？

任何时候都不要放弃希望

河蚌要想孕育出绝美的珍珠，需要忍受沙粒的磨砺；顽铁想要变成锋利的宝剑，需要忍受高温的锻造。人也是一样，要想成就一番事业，就需要始终坚定自己的信念，任何时候都不要放弃希望。

陈平是西汉的丞相，也是西汉王朝的开国功臣之一。他小时候家里十分贫穷，时常吃不饱、穿不暖，然而他却很喜欢读书，立志长大之后要匡扶天下，有一番作为。年长的哥哥见他喜欢交游，便主动承担了家里的劳动，给陈平机会外出游学。陈平的嫂嫂见陈平不劳动，只是每天捧着书本读书，很是不满，经常羞辱刁难陈平。陈平知道读书的机会来之不易，又不想哥哥嫂嫂因为他的缘故产生龃龉，就隐忍不发。嫂嫂见怎么欺负陈平他都不吭声，就变本加厉起来。陈平终于忍无可忍，准备离家出走，从此浪迹天涯。他走到半路被哥哥追回，在哥哥的劝阻下留了下来，不计前嫌与嫂嫂重归于好，并且极力阻止哥哥休掉嫂嫂，在当地被传为美谈。终于有一天，一个智慧的老者慕名而来，执意收陈平为徒弟，免费授课，陈平才有了安心学习的机会，并最终学有所成，辅助刘邦，成就了一番霸业。

面对生活中的困难，陈平始终抱有希望，从没想过放弃，才最终实现了自己立志匡扶天下的梦想。正如古罗马著名学者塞涅卡所说：不是因为这些事情难以做到，我们才失去信心，是因为我们失去信心，这些事才难以做到。

每个成功之人的背后都有一段不为人知的艰辛，在困难面前，要有坚持不懈的勇气、风雨不折腰的信念，才能战胜困难，迎接光明。俗话说“世上无难事，只怕有心人”，世界上没有难以办到的事情，只要人们用心去做，总有成功的一天。

·7·

居安思危，方可立于不败之地

居安思危是指处在安全的环境中，要想到会有危险发生的可能，人们常用这个词来提示自己要提高警惕，做好事前预防，避免灾难发生时措手不及。简单地说，就是人们无论什么时候都要有危机意识。正所谓“居安思危，思则有备，备则无患”，企业在发展过程中也是如此，再良好的运营环境也容易发生意想不到的危险，如果没有危机意识，就会在未知的风浪中一败涂地。

南怀瑾先生曾在不同的场合多次强调居安思危的重要性，他说：“开放发展以后，我们一切都是手忙脚乱，才有了今天的‘繁荣’。但是面对现在的繁荣，我们必须要‘居安思危’，全体中国同胞要关起门来反省才行。”尤其是那些为了眼前利益而违背商业道德的经营者，更应该考虑到长此以往的后果是什么。

温水煮青蛙的故事我们都耳熟能详，说的就是一只没有危机意识的青蛙在逐渐适应环境变化的过程中，过于松懈而失去戒备，后果便是面对突如其来的灾难毫无招架之力。其实很多时候，外界的危机并不可怕，可怕的是我们面对这些危机时的麻木不仁和茫然无知。

生于忧患，死于安乐

曾任海尔集团董事长的张瑞敏告诫员工要永远战战兢兢，永远如履薄冰。联想集团主席柳传志说，我们一直在设立一个机制，好让我们的经营者不打盹，你一打盹，对手的机会就来了。可见，成功的企业家都很清楚“生于忧患，死于安乐”的道理。恶劣的环境可以激起人的忧患意识，使之为改变现状而积极奋发，最终得以发展、强大；安逸的环境容易消磨人的意志，使人堕落，最终在安乐的环境中不知不觉地走向衰败。

吕布是三国时期的名将，他手中方天戟，胯下赤兔马，骁勇善战无人可敌，世人皆以“人中吕布，马中赤兔”来称赞他。然而，就是这样一个英勇威猛的人，由于没有居安思危的意识，于建安三年在下邳被曹操击败并处死。

当年曹操发表假诏书命刘备攻伐袁术，吕布趁机夺了刘备的徐州，漂泊不定多年终于有了立足之地的吕布从此放松了警惕，开始享乐起来。他每天歌舞升平，听曲饮酒，不思进取，完全不考虑得罪刘备这个盟友会给自己带来什么样的后果。他喜欢听人恭维，对笑面虎陈登、陈硅父子的谄媚逢迎照单全收，渐渐疏远了足智多谋的军师陈宫。后来陈氏父子叛变，吕布攻打刘备后被阻在徐州城外，万急之下只好退居下邳。

本就是无路可退才逃至下邳，加上曹操的追兵不日就到，吕布的处境十分危险。然而，吕布一到下邳就又忘记了此前的危险，开始享乐起来。他认为，下邳城高，又有护城河，易守难攻，曹操短时间内不能把他怎么样。陈宫建议吕布率铁骑在外驻扎，与下邳互成掎角之势，他却因贪图享乐迟迟不肯动身，后来貂蝉染病，他更是儿女情长地不愿动身，直到后来，曹操开河攻城，水淹下邳，混乱之中，早已对吕布不满的部下在睡梦中将他擒获，献给曹操，被曹操斩杀。

吕布生于忧患之中，尚且不知道忧患，落个兵败被俘的结局不足为奇。有人说，我们最大的危机就是意识不到危机，的确，救火不如防火，作为领导，只有具有危机意识，才能为企业的可持续发展添加一重保障。

福兮祸所伏，祸兮福所倚

中国古代伟大的思想家老子曾经说过，“福兮祸所伏，祸兮福所倚”，福祸往往相互依存，相互转化，有时候看起来是好事，也可能转瞬间就引发坏的结果。因此，我们要有危机意识，不断提高和锻炼自己，与时俱进。

孙叔敖是楚国的宰相，上任之际，很多官吏和附近百姓都来向他表示祝贺。有一天，门外来了一个身穿麻布衣服、头戴白色丧帽的老人前来吊丧。孙叔敖整理好衣帽出来接见他，说：“楚王不了解我没有才能，让我担任宰相这样的高官，人们都来祝贺，只有您来吊丧，莫不是有什么话要指教吧？”老人说：“是有话说，若是当了大官，对人骄傲，百姓就要离开他；职位高，又大权独揽，国君就会厌恶他；俸禄优厚，却不满足，祸患就可能加到他身上。”孙叔敖听老人的话很有道理，就向老人拜谢说：“我诚恳地接受您的指教，还想听听您的其他意见。”老人说：“地位越高，态度越谦虚；官职越大，处事越小心谨慎；俸禄已很丰厚，就不应索取分外财物。您严格地遵守这三条，就能够把楚国治理好。”孙叔敖谦虚地说：“您说得非常对，我定会牢牢地记住！”

孙叔敖始终不敢忘记老人的劝告，一直心存危机意识，最终才能辅佐庄王独霸南方，让楚国成为春秋五霸之一。再看孙叔敖本人，他虽贵为令尹，功勋盖世，却一生清廉简朴，多次坚辞楚王赏赐，家无积蓄，临终时连棺椁也没有，他的儿子也要靠上山打柴才能勉强维持生计。

现代社会，企业之间的竞争如此激烈，事事风云变幻，刚才还是一片祥和，也许转眼之间便遍布危机，如果被暂时的安定、兴盛、胜利蒙蔽双眼而放松对自己的要求，看不到安定背后的危险、兴盛背后的衰败、胜利背后的失败，就必然会由安定转向危险，由兴盛转向衰败，由胜利转向失败。

Part 6

事业无大小，安身立命之根本

——南怀瑾谈事业真义

通常情况下，我们认为“事业”一词很好理解，即泛指自己从事的工作。然而，南怀瑾先生不以为然，他说：“一个人一辈子，做一件事情，对社会大众，对国家民族，对整个社会，都是一种贡献，这才算是事业。”正如《周易·系辞》中说的那样：“举而措之天下之民，谓之事业”，否则，无论生意做多大，都只是职业而已。

·1·
举而措之天下之民，谓之事业

“举而措之天下之民，谓之事业”出自《周易·系辞》，意思是说，一个人所做的事情若是能够施惠于天下民众，那就叫作事业。当今社会，很多人都把“做一番事业”当作自己的人生目标，然而，真正的事业并不是指自己出人头地，高人一等，而是要在自己的能力范围内尽可能多地帮助他人。

南怀瑾先生在对“事业”和“职业”的阐述中特别强调，真正的事业，是为“天下之民”的利益而做的，简单地说就是既做了自己喜欢的事情，又帮助了他人，否则都是职业而已。哪怕是皇帝，只要不肯帮助别人，那也只是职业，因为职业为的只是生活、过日子，甚至混日子。然而，现在绝大多数人只知道赚钱，他们做的不是事业，仅仅是职业。

可见，事业并不是你自己住的房子有多大，也不是你能开得起多豪华的车，更不是你存折上的数字多了几个零，而是你一生中曾经帮助过多少人，善待过多少人，假如有一天你离去了，有多少人会发自内心地不舍，又有多少人会真心为你哭泣。

事业就是达则兼济天下

古代士大夫常以“穷则独善其身，达则兼济天下”作为自己人生的座右铭，意思是说不得志的时候就要管好自己的道德修养，得志的时候就要努力让百姓都能得到好处。今天也是如此，南怀瑾先生说：“如果你富裕了，强大了，并不是说自己手中握有了欺负别人的资本，而是身上多了一份担子，一份扶贫济弱的责任。”

叶澄衷是清朝末年宁波著名的商人，因为其独有的经商天赋被宁波商团推举为领袖。叶澄衷不但做生意很有天赋，能够时刻保持头脑清醒，以便乐观时变，而且待人也十分的宽厚，诚信且乐善好施，被称为“首善之人”，因此在宁波商帮中一直流传着这样一句话：“做人当如叶澄衷。”

叶澄衷从小家境贫寒没机会读书，对此十分痛苦，于是和堂弟叶雨庵等人回乡后大肆兴建学堂，帮助穷人接受教育。在与叶氏的族人商量之后，他们建立了忠孝堂、义庄及叶氏义塾。值得一提的是，叶氏义塾设施齐全、规模宏大，首批招收了20名学生，后来发展为中兴学堂，上世纪20——30年代培育出了包玉刚、邵逸夫等一大批优秀学子。

随着财富的积累，叶澄衷觉得自己应该加大对教育的投入，于是在上海一次慈善会议上坦言“兴天下之利，莫大于兴学”之后，便开始大规模的办学兴国活动。1871年，他筹办顺记商务学堂，主要招收小学毕业生，学期一年，毕业后留用实习，实习后大多数分赴各地洋行工作，这是叶澄衷借鉴商务文化培育人才的重要实践。1875年，他又在上海创办叶记商务学馆，设在上海外滩金陵东路一条弄堂内。1898年仲夏，叶澄衷宣布拟办一所学校以教化儿童，宣布拨银10万两，并请樊时勋担任筹建负责人，购张家浜地区土地18亩9分。叶澄衷还叮嘱儿子给庄市家乡的崇正书院捐银洋5000元，以帮助培养学生。此外，他还把全乡的17所私塾、学馆、书院都改成西洋式学堂，帮助学生们了解西方文化。

除了教育之外，为了尽最大努力帮助有困难的人，叶澄衷还创办了其他救济机构，如救济署、收尸施棺处、牛痘局、救火会等。叶澄衷拨款3万两白银，并亲自指派堂弟叶雨庵负责筹建。

从贫困退学的油坊学徒到富甲一方的商人，叶澄衷在商路上的成功是显而易见的，然而，更让世人难以忘记的，是他为天下百姓所做的贡献，经商不只是他的职业，更是他一生的事业。

以德经商，如日方升

古今中外的商人很多，每个人的人生信条也不尽相同，然而，时间总会以它公正的姿态不疾不徐地告诉世人：以德经商，如日方升；以利经商，江河日下。但凡功成名就的商人，都是重德重义、以天下为公的人，而自私自利、唯利是图的商人却很难取得长久的富足。

王炽是中国封建社会唯一一位红顶商人，幼年时父兄去世，不得已退学经商。他重德重义，以德经商，有胆识、有远见，善于借鉴世界先进经验，最终成为一个富甲全滇的商人。

发达后的王炽并没有因为有了资本而急于享乐，而是发展实业、振兴地方经济、为国为民尽忠。清光绪九年，法国出兵犯境，云南巡抚岑毓英督师出关救援。当时的军情十分紧急，需要一大批军饷，国库告急，一时间根本筹集不出那么多的银两，其他富有的商人都急忙躲了起来，生怕官府找上门，只有王炽不避灾祸，毅然出资60万两，帮助政府阻击法国侵略军，岑毓英为之赐匾 “急公好义”。

爱国心切的王炽为了不让滇越铁路的路权落到法国人手中，还花巨资将其买回，使云南路权免受法国人掌控。无独有偶，为了保障地方实业的主权完整，王炽冒着风险从洋人手中夺标，并且垫付数十万两白银与官府一同筹办云南铜、锡矿业。遇到大旱的时候，王炽还捐款兴修水利，被李鸿章赞誉为“犹如清廷之国库也”

书院损坏，他捐资扩建;地方无粮，他捐资赈灾;学子失学，他捐建免费私塾;士子没钱住宿，他捐资提供住宿；见大渡河船渡常淹没人马，他捐巨资打造13根铁索修桥，供行人过江……总之，只要是有需要的地方，只要是王炽能够做到的，他总是义不容辞。

王炽爱国爱民，富而不奢，赢得了包括竞争对手在内的所有人的尊重，他是中国商业史上的楷模，他的一生所做的事情才是事业。

南怀瑾先生说，一个人一生做一件事情，对人类有功劳，能给大家带来利益，这个才叫事业。有些工商界老板生意做的很好，赚钱很多，但要讲事业那还差得很远。现代人的生活奢靡浮华，只顾自己，不顾别人，怎么能称得上事业呢？其实，如果能够提高修养，静心思考，或许能幡然醒悟，我们的存在并非只为了生活，而是要追求生命更深层次的东西，追求更有意义、更有尊严的存在，那就是“举而措之天下之民”。

·2·

事业无贵贱，从大处着眼，小处入手

南怀瑾先生在谈论经商的智慧时曾经讲过一个故事："释迦牟尼有一个弟子，眼睛看不见，但还是自己缝衣服。有一天他穿不起针线，便大声呼喊请求帮助。但是别的罗汉都在打坐入定，没有人过来帮忙。释迦牟尼见状，就自己下来帮他穿好针线，交到他手上，并教他怎样缝。这个学生听到声音才知道是释迦牟尼，便说："老师怎么亲自来帮我穿针呢？""这是我应该做的。"释迦摩尼说完对所有的弟子说："人应该做的，就是这种事，为什么不肯帮助残疾的人、穷苦的人呢？"

罗汉们身为佛陀的得道弟子，一心想着普度众生，却忽略了身边这位需要帮助的盲人同学；他们以慈悲为怀，想着教化大事，却没有把穿针引线这种小活看在眼里。在现实生活中，我们也经常这样，怀揣着自以为远大的理想，不切实际的追求着过高，过远的目标，却不肯脚踏实地的从一点一滴的小事做起。

南怀瑾先生说，"地低成海，人低成王"。成功的合作从来都不需要个人英雄，事业无贵贱之分，从大处着眼、小处入手，才是真正的处世智慧。

一屋不扫何以扫天下

苏联伟大的革命导师列宁曾经说过，人要想成就一件大事，就得从小事做起。心中有大局观念、志存高远是好事，然而，任何做大事的能力都是从一件件小事上历炼而成的，如果一味地好高骛远、眼高手低，不肯从小事做起，就算真的有做大事的机会，也不一定能做好。

东汉时期有一个名叫陈蕃的年轻人，他狂妄自大，自命不凡，认为自己是块做大事的料，于是每天都幻想着有生之年能成就一番惊天伟业。有一天，他的好朋友薛勤前来拜访，见他屋里院里肮脏不堪，没法忍受，就很疑惑地问："你为什么不打扫打扫院子，洒洒水来招待客人呢？"他却不以为然地回答道："身为男子汉大丈夫，我的志向是治理天下，岂能将才能浪费在打扫一间小小的屋子上？"薛勤听了很好笑，当即反问道："你连一间屋子都不能打扫干净，能治理好天下吗？"陈蕃听了薛勤的话，羞愧得无言以对。

陈蕃胸怀"扫天下"的远大志向并没有什么不对，但他没有意识到"扫天下"正是从"扫一屋"开始的，不能"扫一屋"的人是断然不能实现"扫天下"的理想的。正所谓"不积跬步，无以至千里；不积小流，无以成江海"，无论何时，要想做成一件大事，都要先做好身边的小事。

脚踏实地才能有所作为

三国时期蜀汉的皇帝刘备临终时对儿子刘禅说，"勿以恶小而为之，勿以善小而不为"，就是在告诉刘禅，小恶经过积累终究会变成大恶，因此不要因为恶小就去做；而小善经过积累终究会变成大善，因此也不要因为善小而不去做。可见，很多事情都有一个由量变引起质变的过程。正所谓“千里之行，始于足下”，古往今来，没有什么大事是可以一蹴而就的，心存远大志向，但不付诸行动，不愿意从点滴小事做起，很难有所作为。

唐伯虎是明朝著名的画家和文学家，从小就喜欢画画，立志要成为一个在绘画方面造诣很高的人，于是他拜在了当时的大画家沈周的门下。沈周见他在绘画方面确实颇有天赋，又勤奋好学，就收下了他。刚开始的时候，唐伯虎十分谦虚刻苦，很快便掌握了许多绘画技巧，沈周称赞他：“水墨画墨韵明净，格调秀逸洒脱而富于真实感；人物画写实功力较强，形象准确而神韵独具；山水画布局严谨整饬，造型真实生动，山势雄峻，石质坚峭，皴法斧劈，笔法劲健，墨色淋漓。”听了沈周的称赞，一向虚心的唐伯虎产生了自满的情绪，不再踏实地作画。沈周虽然没有明确说出来，但是全都看在眼里。一次吃饭，沈周让唐伯虎去开窗户，唐伯虎发现窗户上竟然是老师的一幅画，敬佩之情油然而生，同时也很羞愧，他终于明白，天外有天，人外有人，自己的作画技术和老师还相差甚远，如果不好好求教，永远也成不了大画家。从此往后，他静下心来，踏踏实实地跟老师学习作画技巧，终于成了声名远扬的大画家。

唐伯虎从小立下高远的志向，再加上后天的勤奋刻苦，从作画技巧一点一点地学起，才能成为历史上有名的大画家。可见，无论做什么事，脚踏实地才是成功的前提。

古往今来，许多的英雄、豪杰莫不是从小立下了宏远的志向，然后向着目标一步步地迈进。如果志存高远但不付诸行动，那么志向也只是空中楼阁，水中明月而已。只有脚踏实地的在梦想与现实之间架上桥梁，才能一步一步的走向那个承载着我们梦想的殿堂。

·3·
一分精神，一分事业

人生在世，一定要有点精气神，俗话说“一分精神一分财，没有精神财不来”，一个人如果整日垂头丧气，愁眉苦脸，眉宇间全是对生活的不满，话里全是对世界的抱怨，那么他的生活一定一团糟。反过来，若是他每天精神饱满，昂首挺胸地做每件事，周围的人就会乐意与他交往，如此财运、事业运都会随之而来。

南怀瑾先生很认同曾国藩《冰鉴》这部书中所提到的一个观念：即“功名看气宇，事业看精神”，也就是说一个人能不能取得功名，要看他的风度；一个人能否事业有成，要看他的精神状态好不好，若他的精神不好，做一点事就累了，那还有什么事业前途可谈呢？一个真正做事业、做学问的人，要有超过常人的精力，精神饱满，不能颓废。

一分精神，一分事业；一分精神，一分财运，只有奋袂而起的精神才能成就伟大的事业。因此，身为企业的管理者，不但要让自已每天精神抖擞，还要善于调动和激发下属的工作热情，让团队中的每一个成员都以饱满的精神状态对待工作。

健康的体魄是精神的来源

南怀瑾先生在解读孔子的“朽木不可雕也，粪土之墙不可杇也”这句话时，特意更正了以往人们对此的曲解，认为其真正意思是：一根木头的内部本来就已经腐坏了，你还去外部雕刻，即使雕得再好看也是没有用的；经蚂蚁、土狗等爬松了的泥巴墙，本身便是不牢固的，这种随时会倒的墙，外表粉刷得漂亮也是没有用的。这句话并不是说一个人品质坏，而是在强调他的身体底子弱。因此，健康的体魄是精神的来源，如果一个人身体不好，就要让他注重休息调养，不能对他有太过的要求。

霍去病是西汉的名将，一生勇猛果敢，善骑射，用兵灵活，第一次带兵打仗就以区区八百骁骑深入敌境数百里，把匈奴兵杀得四散逃窜。他注重方略，不拘泥于形式，善于长途奔袭、闪电、迂回、穿插等作战方法，曾在两次河西之战中大破匈奴，俘获匈奴祭天金人，直取祁连山，又在漠北之战中大获全胜，载誉而归。

然而，就是这样一位年轻有为的良将，因为多次领兵出征的劳累，加上长期处于边境苦寒的环境中，年仅二十四岁就去世了。尽管汉武帝很悲伤，追谥他为景桓侯，并调遣边境五郡的铁甲军将他的坟墓排列成祁连山的样子，从长安直到茂陵，但是于他而言，已经什么都没有了。

霍去病年少成名，有舅舅卫青辅助，又深得汉武帝赏识，本应该有个大好的前程，但却由于身体的原因英年早逝，一切都化为乌有。周恩来总理曾说，“只有身体好才能学习好、工作好，才能均衡地发展”，可见健康的身体才是一切成功的必备条件，很多人把健康比作1，把财富、荣誉、地位等比作0，若1没有了，要再多的0又有什么用呢？身为领导，要认识到健康的重要性，苛求自己和员工以耗损健康为代价来赚取眼前的利益是得不偿失的。

适当的鼓励有助于提高士气

人生在世，无论做什么事情，总是面临着成功和失败两个结局，若我们能学会在失败的泥潭中，用勇气与坚决的双手紧握着希望，那么胜利必将属于我们。作为企业的领导，在团队遭遇挫折、士气低落的时候，要适时给予鼓励，这样才能帮助下属战胜眼前的困难，让团队的每个成员都能以朝气蓬勃的精神状态继续奋发向前。

汉末的魏王曹操就是一位善于鼓励下属的领导。赤壁之战惨败后，曹军筋疲力尽，九死一生，士气十分低落，许多将士一见面就抱头痛哭。曹操作为军中主帅，经历这次大败，本应该是最失落的，但他并没有过分自责，更没有责备将士们，而是忍着心中的痛苦击鼓升帐，语重心长地鼓励大家。他说："胜败乃兵家常事，失败并不可怕，可怕的是心气败了，将者，如果不经历几次败仗，怎么知道如何去打胜仗？这个世界上从来没有百战百胜的将军，只有败而不殆、败而亦勇的将军。"鼓励之余，他还打开地图帮助大家分析这次失败的原因，让原本已经对孙刘联盟闻风丧胆的曹军士气大振。此后，曹操重整旗鼓，采取适当的措施稳定内部，他唯才是举，斗志昂扬，最终率大军亲征关中，大败联军。

世人对于曹操的评价有褒有贬，然而，无论什么样的评价，都掩盖不了他的治世才能，仅凭失败之余不忘鼓励将士士气这一点，他就是当之无愧的英明领袖。

正所谓“人有大志在，何处不翻飞”，一个人若是能把意志沉潜到心底，并且奋发向上，那么什么样的事情是他做不成的呢？反过来，一个人即使有才能、有学问，但没有良好的体能、充沛的精力，整日里只能与床为伍，那他又能做成什么事呢？可见，欲成大事，必须有强健的体力、饱满的精神。

·4·

审时度势，事业成功的“敲门砖”

世界上最受欢迎和尊重的作家斯宾塞·约翰逊曾经说：“这个世界上唯一不变的东西就是变化本身。”时代在发展，社会在进步，万事万物都处在运动变化之中，作为社会中力量渺小的个体，只有顺从自然规律，做什么事都学会揣时度力，审时度势，才可能取得成功。

南怀瑾先生的六字真言“进、退、得、失、存、亡”就蕴含了审时度势的真理，正所谓“不退不进，不失不得，不亡不存”，一个人在面对大千世界所赐予的各种考验时要揆情度理，看清楚当前的局势，认清自己的力量，然后才能在错综复杂的形势中从容地作出正确的决定。

青蛙整夜呱叫，却换不来人们一声赞美，而雄鸡日出啼鸣，却获得众人“金鸡报晓”的褒奖，同样是努力地鸣叫，青蛙的遭遇和公鸡的幸运之间就隔着四个字：审时度势。

审时度势方能出奇制胜

清朝的医家陆以湉在《冷庐杂识·师古》中说：“漫言法古，而不审时度势以图之，鲜有不败者也。”古今中外的名人中，不乏懂得审时度势而名垂千古的，也有很多因为不懂得审时度势而一败如水，甚至丢掉江山、丢掉性命的。身为领导，身处高位，作出的每一个决定都事关重大，尤其要懂得审时度势。

苏秦是战国时期的纵横家，他师从鬼谷子，学成之后怀着一腔热血去秦国游说，劝说秦惠王兼并列国，称帝而治，完成统一大业。然而，秦惠王目光短浅，看不出统一的时机，加上刚刚处死商鞅，厌恶说客，于是任凭苏秦怎么劝说，他也没有采纳苏秦的建议。

多次上书无果的苏秦在秦国花光了所有的盘缠，不得已潦倒而归。之后，苏秦审时度势，重新攻读《阴符》，时常读到深夜，就是为了彻底理解其中的真谛，一年过后，在见识和口才上都有了很大的提高。他仔细分析了天下的局势，适时地提出合纵六国以抗强秦的战略思想，并最终促成六国合纵联盟。他身佩六国相印，使秦国十五年不敢出函谷关。

苏秦从最初的游说秦国一统天下没有成功到最后成功游说六国联合抗秦，就是因为明白了时机的重要性，时机不对时，无论怎么努力都是枉然，而时机一到，再做什么事就容易多了。我们常说，想要成功就要善于把握时机，这里的时机，其实就是对客观形势和自身能力的把握。

识时务者为俊杰，通机变者为英豪

俗话说“识时务者为俊杰，通机变者为英豪”，历史上很多有作为的人都是懂得相机而动的人。这些人天资聪颖，懂得利用时势，善于把握时机，在生存竞争中能够趋利避害，对每一场角逐都稳操胜券，对他们来说，成功是必然的，不过是时间的早晚而已。由此可以看出，要想取得成功，就要识时务、通机变。

东汉末年有个叫贾诩的谋士，年轻的时候并没有什么名气，很多人都不知道他的存在，然而，当时却有一个叫阎忠的名士慧眼识珠，称赞他与众不同，说他有张良、陈平那样的智慧，预言他定能成就一番大事。

贾诩早年是举孝廉出身，后来因为生病辞官回家，在返乡的途中遇到一些叛乱的氐族，贾诩和同行的一干人全部都被抓了起来。俗话说，好汉不吃眼前亏，贾诩自知敌方人多势众，强硬反抗肯定吃亏，于是灵机一动，对土匪们说：“我是段公的外孙，你们别伤害我，我家一定用重金来赎。”当时的太尉段颎常年驻守边关，在这一带的名声和威慑力很大，氐族对段太尉又敬又怕，听贾诩这么一说，便不敢再伤害他，当即放了他。而其余众人没有贾诩这般机灵，不会变通，全都遇害了。

除了自救之外，贾诩还将自己因时制宜的本领用到了生活中的其他方面。建安四年，袁绍想要拉拢张绣，身为张绣帐下谋士的贾诩当着张绣的面直接回绝了袁绍的使者，张绣十分疑惑不解，贾诩则耐心地指出了其中的利弊。他说：“袁绍不能容人，时间久了，必然反目，而曹操则不同，一则他挟天子令诸侯，名正言顺；二来，他现在的势力还比较弱，更希望结交盟友；第三，他志向远大，知人善任，一定能够礼贤下士。”最后张绣听从了贾诩的建议，投奔了曹操。而结果果然如贾诩分析的那样，曹操对他们委以重任并拜将封侯。

贾诩机智聪慧，懂得相机行事，在曹操立太子一事上也劝谏有功，他以刘表和袁绍为例暗示曹操不可废长立幼，曹操采纳了他的建议，立曹丕为太子。后来，曹丕即位，为了报答贾诩的推举之恩，封贾诩为太尉，进爵魏寿乡侯，增食邑三百，前后共八百户。

在那个动乱不安、人人自危的年代，贾诩能够在七十七岁的高龄寿终正寝，就是因为他能够透过迷雾看到天下的局势，懂得审时度势。

南怀瑾先生常说：“第一流智慧的人懂得创造机会，第二流聪明的人懂得把握机会，而愚笨的人只会错过机会，失去后又不断抱怨。”墨守成规、因循守旧的处世态度是与时代的发展变化背道而驰的，是阻碍事情顺利进行的保守态度，若我们不知变通，不识时务，就会成为错过机会后还去抱怨的愚者。可见，在面对人生的重要事宜时，只有度德量力，把握时机，甚至除旧布新，创造时机，才能够在关键的时刻作出最明智的选择。

·5·

欲成大事者：见其所见，不见其所不见

南怀瑾先生在《列子臆说》中解释了为什么狮子能成为百兽之王，就是因为它做任何事情都专心致志，全力以赴，大到猎杀一头大象，小到捕捉一只老鼠，都会用尽全身的力气。它不轻视任何细小的东西，也不重视任何庞大的动物，在它看来一切都是平等的，都需要不遗余力地去争取。南怀瑾先生认为，我们在做事情的时候，要学习狮子的精神，如果分散力量，各自追求表现的机会，单独咬抓一只小老鼠，所花费的精神能力可以说所得者少，所失者更多；如能集中群力，团结起来，抓好一个大目标，反而容易成功，大家就可以分享成功的果实了。

所谓“见其所见，不见其所不见”，这正是有智慧之人的高明之处，无论做什么事，都要认准目标，抓住重点，关注那些该关注的，忽视那些不该关注的，然后全心全意付出，这样才能在成功的路上少走弯路。

心无旁骛，水滴石穿

法国的启蒙思想家卢梭说：“当一个人一心一意想要做好一件事情的时候，他最终是会取得成功的。”事实就是这样，柔软的水滴之所以能够把坚硬的石头滴穿，就是因为它心无旁骛，坚持一段时间只做一件事情。

做人也是如此，想要得到什么样的结果，就要坚持做什么样的事，三天打鱼两天晒网的人是很难在一方面取得成就的。

董仲舒是西汉时期伟大的思想家，他年少的时候学习非常用心，从来不三心二意，时常因为看书太入迷而忘了吃饭睡觉。家人看他太刻苦，怕他累坏了，于是决定在紧靠着他书房的地方修建一个大花园，让他学习累了的时候可以去里面休息一会。

头一年的时候，董太公专门派人去南方学习了花园的建造技巧，在明媚的春日里，热热闹闹动工了。姐姐见花园绿草如茵，姹紫嫣红，多次邀请董仲舒去园中游玩，然而，董仲舒只顾摇头晃脑地读书，拒绝了姐姐的好意。

到了第二年，董太公又在小花园里添加了假山，想要吸引董仲舒，尽管邻居亲戚家的小孩纷纷爬到假山上玩，董仲舒也不为所动，仍旧专心地研读他的竹简诗文。

第三年的时候，董家的花园已经完全建成了。附近的人前来观赏，纷纷对董家花园赞不绝口，亲戚朋友携儿带女前来观看，都夸董家花园建得精致。父母叫董仲舒去花园里玩，他依旧不理，继续埋头苦读。

就这样，董仲舒专心致志地读书，完全不受任何事情的干扰，随着年龄的增长，积累了很多学问，最终成为一代令人敬仰的大文学家、大思想家。而他“生专心笃学，三年不窥园”的经历也成了一段佳话，被后人用来教育子女做一件事情要专心致志。

世上无难事，只要肯登攀

伟大领袖毛主席曾说过，“世上无难事，只要肯登攀”，我们要想做成功一件事情，除了要一心一意之外，还要树立坚定的信念。人生是坎坷的，不可能事事锦绣鲜花，处处一帆风顺，更多的时候，等待我们的是曲折、坎坷和充满变数的道路，这时候，我们就要坚定信念。因为信念的力量是伟大的，报有什么样的信念，就能得到什么样的结果。

齐白石是中国近现代伟大的绘画大师、世界文化名人。他年轻的时候喜好篆刻，一天心血来潮，跑去向一位老篆刻家请教篆刻窍门，那位老篆刻家并没有传授给齐白石什么绝学，只是告诉他：“你挑来一担石头，刻了磨，磨了刻，等到把这些石头都用完，坚硬的石头都变成泥浆的时候，你的印也就刻好了。”

齐白石听从老篆刻家的话，真的挑来一担石头，废寝忘食地练习篆刻，手上磨出了很多水泡，也长了一层厚厚的茧子，依旧一刻不停地练习。他一边刻一边拿着知名篆刻家的作品进行对照，刻了磨平，磨平了接着刻。时间一天一天过去，筐里的石头越来越少，地上的泥浆却越来越多，最后，在齐白石的坚持下，这些石头统统化为了泥浆。

正因为拥有这种“化石为泥”的恒心和毅力，齐白石的篆刻艺术才能达到炉火纯青的境界。常言道“只要功夫深，铁杵磨成针”，人的潜能是无限的，只要我们目标坚定、永不言弃，就能实现愿望。

南怀瑾先生很赞同孔子“君子无众寡，无小大，无敢慢，斯不亦泰而不骄乎”的观点，他认为，真正的君子在做事的时候，没有待遇的多少、利益的高低等观念，也不会去考虑职位的大小，对于任何事情都不轻慢，只要有任务分到手上，就持之以恒，全力以赴，因此才能做到事有所成。

·6·

不要在已成的事业上逗留

人生百年，岁月易逝，一个人无论在过去取得了怎样辉煌的成绩，终究会被岁月冲刷褪色，失去原来绚丽的色彩。一切成绩、荣耀都只是过去努力的见证，对于现在和未来，我们还需要不断努力，才能创造出更辉煌的成绩。如果在已经成功的事业上逗留太久，就会失去前进的动力，骄傲自大，不思进取，人生的格调只能永远被定格在过去。

南怀瑾先生认为，学问最难是平淡，安于平淡的人，什么事业都可以做。要想安于平淡，就要有一颗看淡一切的平常心，试问，沉溺在过去的荣耀里沾沾自喜的人能拥有一颗平常心吗？

中国当代著名作家林语堂说过："人生在世，幼时以为自己什么都不懂，大学时以为自己什么都懂，毕业后才知道自己其实什么都不懂，中年又以为自己什么都懂，晚年才觉悟自己原来什么都不懂。"人生之所以会有这样的心理变化，就是因为自己心里的杯子状态不同。要想在未来的日子里有所成长，就要有空杯心态，将以前的荣耀和认知清空，才能够保持一颗上进的心。

成绩代表过去，奋斗才有未来

正所谓“人外有人，天外有天”，为过去的成绩感到骄傲并不可怕，怕的是抱着过去的荣耀徘徊不前。与其把过去的成功当作终点不思进取，不如将其当作起点再接再厉，只有始终向前看，不被过去的点滴束缚，才能取得更大的成绩。

居里夫人是法国著名的科学家，她一生取得了无数的成就和荣耀，其中最著名的两次分别是1903年与贝克勒尔由于对放射性物质的研究而共同获得诺贝尔物理学奖，以及1911年因发现元素钋和镭获得诺贝尔化学奖。

居里夫人是历史上少有的不重视名誉与地位的人，过去的成绩之于她，就像是秋天的落叶，带不来丝毫的留恋和约束。有一天，她的一个朋友来家里做客，看到院子里居里夫人的小女儿正在玩一枚奖章，很诧异地问：“您应该知道能得到一枚英国皇家学会的奖章是多么高的荣誉，怎么能轻易地拿给孩子玩呢？”居里夫人笑了笑说：“我是想让孩子们从小就知道，荣誉就像玩具，只能玩玩而已，绝对不能永远守着，否则就将一事无成。”

居里夫人淡泊名利，不把过去的荣耀当作很重要的事情，她虽两次获得诺贝尔奖，但倘若把过去的荣耀看得很重，在过去的成绩里停滞不前，还会全身心投入到科学研究中去吗？正是因为她明白成绩只代表过去，只有不断地奋斗才能成就美好未来，所以她才成为历史上第一个两次获得诺贝尔奖的人。就连世界著名物理学家爱因斯坦都称赞说：“在所有的世界名人当中，玛丽·居里是唯一没有被盛名宠坏的人。”

不思进取，就难以取得新成绩

历史是不断前进的，不会为沉溺于过去的成绩而不思进取的人们停留一秒，如果一个人安于现状，故步自封，就会被历史的车轮碾压得无影无踪。人生中很多东西既然已经过去，就让它过去吧，将自己剩余的时间和精力都用在展望未来上。

五代时期后唐王朝的建立者李存勖就是一位沉溺于过去的荣耀中不思进取最终丢了江山的皇帝。他自幼刻苦努力，擅长骑射，胆识过人，熟知战略要术，少年时随父作战，十一岁就与父亲到长安向唐廷报功，深得唐昭宗的赏识。就连当时的死敌梁太祖朱温都忍不住称赞“生子当如李亚子”。李存勖一生取得了很多成就，他经过多年征战，大败辽军的大举进犯，护燕云诸州不受侵袭，消灭燕秦等北方割据政权，南击朱梁、东灭桀燕、西服岐秦，一步一步使晋国强盛起来。

李存勖的父亲李克用临死的时候交给李存勖三支箭，让他立志完成三件大事，分别是：讨伐刘守光，攻克幽州；征讨契丹，解除北境威胁；消灭世敌朱全忠。李存勖凭借自身的英勇和勤奋，经过十多年的交战，基本上完成了父亲的所有遗命。

然而，在战场上所向披靡的李存勖却在政治上节节失利。称帝后，他认为父亲的大仇已报，中原也已平定，自己取得了如此骄人的成绩，没必要再像以前一样辛苦拼搏。于是，他不再进取，从此骄傲自满起来。他纵情声色，终日与美女饮酒作乐，还喜欢演戏看戏，常常面涂粉墨，穿上戏装，登台表演，不理朝政，并自取艺名为“李天下”。他的失德行为致使朝中上下离心，国运日渐衰落，公元926年4月，受人鄙夷的李存勖被部下乱箭射死。

李存勖由一个智勇双全、受世人尊敬的帝王变成一个失心失德、激起民愤的受戮者，就是因为他把过去的成绩看得太重，疏于朝政和军事，才给了叛军可乘之机。可见，人的一生中，现在和未来才是最重要的，过去的荣耀运用得当，将会成为成功路上的垫脚石，运用不当，只能充当成功路上的绊脚石。

世间最珍贵的不是得不到和已失去的，而是能够将成败掌握在自己手中的当下和未来。身为领导，担负着一个企业的前途和命运，更要忽略过去已经取得的成绩，放眼未来，带领全体员工奋斗前进，创造更加辉煌的明天。

·7·
事业和工作的真谛在于付出

一个人给予别人的幸福和快乐越多，自己所得到的幸福和快乐也就越多。工作中也是一样，付出的精力和时间越多，得到的回报也就越多。正所谓“宝剑锋从磨砺出，梅花香自苦寒来”，世界上没有什么东西是可以不经过付出就能够随意得到的。很多时候，工作就像山谷回音一样，付出什么，就能收获什么。

南怀瑾先生在讲人生的感悟时曾经说过，真正伟大的事业是付出，而不是据为己有。人活一生，做一件事情，对世界人类永远有功劳，永远有利益，才叫事业，才是人生的价值所在。能举而措之天下之民的才算事业，因此中国知识分子才将“为天地立心，为生民立命，为往圣继绝学，为万世开太平”定为共同的目标。

在现实生活和工作中，不想付出、只想索取的人是没有生存余地的，更谈不上成就一番事业。古人说“吃得苦上苦，方为人上人”，这里的吃苦就是付出。其实很好理解，工作就像是一块肥沃的田地，你曾经播下怎样的种子，就会结出怎样的果实。

一分耕耘，一分收获

生活对每个人都是公平的，在这场付出与收获的交易中，每个人的汗水和辛苦都能换来等值的收获。我们付出真诚，就会收获别人的信任；我们付出好的行为，就会收获好的习惯；我们付出辛劳，就会收获财富。因此，生命的价值不在于我们从这个社会得到了什么，而在于我们为这个社会付出了什么。

李时珍是中国历史上最著名的医学家之一。他从小对科举官场不感兴趣，而是酷爱医学，立志要做一名救死扶伤的医生。于是，他放弃了做官的打算，专心学医。

他在学医和行医的过程中阅读了大量的书籍，结合临床实践发现古代的医书中有很多的错误，如果不加以更正，将给后人带来无尽的危害，于是他决心重新编撰一本本草书籍。为此，他不辞辛苦地亲自跑到各地去寻找药材，拜访民间名医，收集民间药方，观察药物标本。有时候，为了弄清楚一种药材的真正效用，他时常孤身远涉深山旷野，并且多次不顾生命安危亲自试药，历经整整二十八年的艰苦记录和实地调查，终于搞清楚了很多疑难问题，编撰出了在药物学上具有总结性地位的巨著《本草纲目》，连英国著名的生物学家达尔文都称赞它是“中国古代的百科全书”。此外，李时珍结合自身的临床经验，根据各家论脉的精华，编著了《濒湖脉学》一书，该书在中医脉学发展史上也有着重要的地位。

《本草纲目》百余万字，皆是李时珍实地考证和亲身试验之成果，可以说饱含着他的汗水和心血。在书中，他附带药方一万一千余个，插入图片一千余幅，其规模之大，耗费精力之多，超过了过去的任何一部本草学著述。

李时珍在事业和工作上取得的成就是显而易见的，他为祖国的医药事业作出了巨大的贡献，不仅是中华民族的骄傲，也是公认的世界文化名人。华夏子孙为了感念李时珍的付出，给予他“科学之光”的极大赞誉。

有志者，事竟成

古往今来，那些有志向且愿意为此拼搏奋斗的人，往往能取得成功。面对风雨和挫折要挺直腰杆，再坚持一下，再付出一点，明媚的阳光必定会冲破乌云照耀在我们身上。因为，当我们不断地付出，不计较回报的时候，收获也正悄无声息地向我们走来。

“有志者，事竟成，破釜沉舟，百二秦关终属楚；苦心人，天不负，卧薪尝胆，三千越甲可吞吴”是清代文学家蒲松龄用来自勉的对联，他聪明颖慧，才智过人，一生热衷科考却不得志，可谓是“年年文战垂翅归，岁岁科场遭铩羽”，直到七十二岁的高龄才考上贡生。在如此打击之下，为了激励自己不放弃创作，他在压纸用的铜尺上刻上了这副对联。

久经挫败的蒲松龄并没有因为官场的失意而放弃对文学的追求，相反，他越挫越勇，干脆将所有的精力都投入到文学创作中。相传在他做私塾先生的时候就开始写《聊斋志异》，好朋友张笃庆发现他因为创作《聊斋志异》而影响到科举考试之后，写诗劝他“聊斋且莫竞谈空”，意思是说，不要写了，当前的主要任务是读书考试。然而，已经入迷的蒲松龄没有放弃，而是接着写，并且为了能够收集足够多的写作素材，他在家乡的柳泉旁边摆了个茶摊，请路过的人免费喝茶，以便听他们讲些奇闻异事。朋友中谁遇见了奇怪的事，他都要询问清楚，写到自己的作品中。就这样，经过数十年的付出，他终于写成了短篇小说集《聊斋志异》。该书运用唐传奇小说文体，通过鬼怪的故事，巧妙地对当时的社稷和政治进行批判，在文学史上地位很高。

蒲松龄本人也因此名传千古，郭沫若先生曾为蒲氏故居题联，赞蒲氏著作“写鬼写妖高人一等，刺贪刺虐入骨三分”，老舍也评价蒲氏“鬼狐有性格，笑骂成文章”。

付出和收获永远是成正比的，不要怕付出没人知道，也不要怕付出会白费，只要付出了足够多的努力，相信时间会以一种意想不到的方式在某个不经意的瞬间将回报送到我们身边。因此，要想成功没有什么特殊的诀窍，只要付出足够多的努力就够了，工作和事业的真谛均在于付出。

Part 7

以身教者从，以言教者讼

——南怀瑾谈商贾偶像

南怀瑾先生曾经多次在演讲中告诉工商界的朋友，做生意要效仿古代的商贾偶像，要想成为成功的企业家，就要熟悉历史的经验。而他所推崇的这些人，都是在中华千年商业文明中表现出不凡智慧的人，通过学习、了解他们的经商经验，而后为己所用，在现代企业管理运营中以身作则，言传身教，这样才能让企业进入良性发展的轨道。

·1·

姜太公：不走寻常路的商界鼻祖

姜太公是姜子牙的别名，“太公”一词也是世人对他的尊称。他生于约公元前1156年，卒于约公元前1017年，是商末周初著名的军事家、政治家、韬略家。

姜太公一生最突出的贡献是在军事政治方面，他辅助武王伐纣，在牧野之战中大败纣王军队，致使纣王兵败登台自焚身亡，在很大程度上加速了周朝的建立和商朝的灭亡。此外，周朝建立之后，太公被封为西周丞相，即“太公望”，辅佐君主治理国家，他修明政事、震慑叛乱、顺其风俗、简化礼仪、开放工商之业、发展渔业盐业优势，使齐国国泰民安，经济繁荣昌盛，对齐国此后数百年的发展产生了深远影响，奠定了深厚的文化基础。

若称姜子牙是齐国的缔造者一点都不为过，他除了是西周的开国功勋之外，还是齐国文化的创始人，更是影响中国数千年的伟人。中国古代的兵论、战略、计谋等军事学说，都是从太公的军事思想中形成和发展起来的，可以说太公是兵家宗师、中国武祖。太公的《六韬》经略也被后世著名的军事家孙武、鬼谷子、黄石公、诸葛亮等奉为经典读物，直至今日，该著作中的思想精髓还被世界各国所借鉴。太公一生的思想精华饱含儒、法、兵、纵横等家的观点，被诸家追称为本家鼻祖，所以他也是历史上公认的“百家宗师”。

纵观姜太公的一生，他最主要的经历并非经商，且生平仅有的几次经商经历也并无太大作为，然而，南怀瑾先生却称姜太公是“商人祖师爷”，为何？正是因为他身上有成功商人所具备的素质：第一，机智多谋，不走寻常路；第二，面对挫折，永不言弃。

太公钓鱼，一本万利

南怀瑾先生说，姜太公是那种以国家事业为重，通商为了兴国的商人。这类商人的品质本身就是常人所难以企及的，再加上姜太公的机智聪明，成功就是必然的结果。

提起姜太公，有个歇后语想必大家耳熟能详，即：姜太公钓鱼——愿者上钩。故事发生在商周交替时期，当时的纣王残暴，民不聊生，周文王决心推翻纣王的残暴统治，于是想寻找一位贤人来辅佐自己。而姜太公刚好也受师傅之命来辅佐文王。在两人见面之前，姜太公有些顾虑，一是自己年过半百，不知道文王会不会嫌弃自己；二是两人并没有交集，贸然造访显得唐突。于是，他灵机一动，想了一个主意。文王回都的途中有一条河，太公用没有鱼饵且直勾勾的鱼钩在河边垂钓。文王见状，十分诧异，便下车询问：“别人都用弯钩挂香饵钓鱼，你为何反其道而行之，这样也能钓到鱼吗？”谁知姜太公举了举钓竿，说：“对你说实话吧！我不是为了钓到鱼，而是为了钓到王与侯！”文王听了感到十分惊叹，觉得眼前这位老者真是一位奇人，于是主动与之攀谈，才发现这是一位精通兵略和治国之策的大才，于是招入帐下并委以重任。

若把太公的这次经历当作一场生意的话，那这绝对可以称得上是一次一本万利的买卖，太公仅投入了一点时间就换来了举世无双的荣耀和地位，称他为商界鼻祖似乎并不过分。而这件事也显示了姜太公与众不同、不走寻常路的思维方式，他不用鱼饵，直钩钓鱼，最终钓到了一条举世无双的“大鱼”。

面对困境，百折不挠

姜太公晚年虽然贵为一国丞相，被文王尊为“尚父”，但他早年及中年的人生经历还是十分坎坷的。他年过三十才到昆仑山太虚宫元始天尊门下学道，学了三十年，六十多岁时被师傅一句“生来命薄，仙道难成，只可受人间之福”派去辅佐周文王打天下。下山后的姜太公居无定所，只能暂时寄宿在商都的一位老友家里。

为了赚钱糊口，太公的妻子马氏安排他将自己编织的扒篱拿到京城去卖，然而太公在城里吆喝了一天也没有把扒篱卖出去。难过之余，太公总结了此次失败的经验：乡下的东西在城里没有市场，此次失败在于目标定位不准。

卖扒篱不成，姜太公就开始贩卖面粉，可这回，他不但没有赚到钱，还损失了两筐面粉。朋友见他热衷于做生意，想再帮他一把，于是把京城中的饭店让给他经营。姜太公接手饭店之后，并不知道怎么经营，结果猪羊肉放臭了，酒放酸了，也没有迎来一位客人。朋友无奈，又给了他五十两银子让他帮忙去贩卖牲畜，结果更是让人大跌眼镜，赚钱就不必提了，他还被官家没收了牲畜，差点惹上牢狱之灾。

经历过无数次失败的姜太公并没有灰心，他痛定思痛，认识到那些生意并非自己所擅长的，想要成功，还需从自己擅长的方面做起。于是，他利用自己所学的占卜知识开了个算命的馆子。经历了五个月的苦熬，终于迎来了转机，他一连算准了两个人的命，名声大振，算命的价格一下子从二十文升到了五钱，赚了一笔小钱。这是他的经商生涯中第一次盈利。

在经商方面已经理清头绪的姜太公到任齐国之后，开放国家工商业，因地制宜制定经济策略，发展渔盐之利，打鱼、晒盐，用来贩卖，使齐国很快富裕起来。

太公前半生十分坎坷，然而他越挫越勇，百折不挠，终于取得了最后的成功。几千年过去了，姜太公及其在商界的修为依然为人们津津乐道，南怀瑾先生在《历史的经验》中告诫工商界的朋友，第一个要效仿的对象就是姜太公，可见，姜太公在南怀瑾先生心中的地位是至高无上的。

·2·
管仲：救世济人的商界奇才

管仲又称管子，是春秋时期齐国的丞相，先秦诸子中法家的代表人物，生于公元前719年，卒于公元前645年，著有《管子》一书，是中国历史上有名的哲学家、政治家、军事家，被后世誉为“华夏第一相”、“圣人之师”、“华夏文明的保护者”。

管仲在任齐国丞相期间，大兴改革：在行政方面，整顿了行政管理系统，“叁其国而伍其鄙”来“定民之居”，使各行各业的人各就其职，有效地减弱了部落残余的影响，维护了社会稳定；在政治方面，他主张富国强兵，注重发展经济和农业，反对空谈主义，开创职业技能教育；在外交方面，他辅佐齐桓公创立霸业，抵御外敌，称霸中原；在兵制方面，他主张“作内政而寄军令”，其措施是“参其国而伍其鄙”，这是一种社会与军事相结合的战斗体制，能够达到“守则同固，战则同强”的效果，亦为后来大规模的战争做了准备；在经济方面，他实施的是“遂滋民，与无财”的政策，意思是滋养民众，让穷人也有收入，在一定程度上收拢了人心。

三国时期的诸葛亮多次以管仲自比，就是对管仲一生所建功勋的最高肯定。那部以他的名字命名的文学巨著《管子》，在中国文学史上具有举足轻重的地位，他在书中主张的治国思想对后世影响很大。他的改革及思想主张不但使齐国国力增强，而且在很大程度上促进了华夏此后千年的经济发展。

在南怀瑾先生推荐给工商界朋友的商界楷模中，管仲排第二，说他政治上很了不起，为国家做生意也很成功，是为国谋利的商界教父。此外，管仲在管理方面展现出来的才能也十分受南怀瑾先生推崇，南怀瑾先生曾经在《中国式管理》的演讲中称管仲是比孔子更有实际从政经验的人。

《管子》思想接近唯物论

管仲是位思想家，他一生留下了很多饱含哲理的思想，其中“国多财则远者来，地辟举则民留处，仓廪实而知礼节，衣食足而知荣辱”这句话流传千古，与唯物论中的“物资决定意识”十分接近。意思是说，国家拥有了富足的财力，那些远方的人民就会来归属你；土地普遍开垦了，人民就会安心留居；只要仓库里有充足的东西，人们就能知道礼貌；只要丰衣足食，人们就知道荣誉和耻辱。

从现代政治经济学的角度分析这句话，可以看出，管仲当时已经洞悉了社会经济发展与文化发展之间的关系，即社会经济的发展水平决定着文化的发展水平。同时也可以看出，管仲认为经济对政治的影响很大，国家富强、社会安定，自然会吸引很多远方的人前来投靠，从而使整个国家拥有可贵的人力资源，促进国家的扩大再生产。管仲生活在战乱年代，诸侯并立，相互之间只顾争夺经济和土地，而无视人力资源的流失，管仲正是看到了这一点，才疾呼君主要重视人力资源对社会发展的重要作用，主张众生平等，全国上下，无论贫富贵贱都要遵纪守法。

除了提出经济的发展与国家的安定密切相关之外，管仲思想中还有十分民主的地方，比如，他主张尊重民意，提出“顺民心为本”、“政之兴，在顺民心；政之所废，在逆民心”等观点。他在待民方面的主张被后世很多贤明的君主所借鉴，唐太宗在主政期间所说的“君，舟也；人，水也；水能载舟亦能覆舟”，就颇受管仲顺民思想的影响。

经纶天下，济世救人

管仲是言行统一的实力派“商人”，他的一系列透彻明晰的经济管理理论均来自他的实践和人生感悟。在担任齐国丞相期间，齐桓公尊他为“仲父”，授权他主持一系列政治和经济改革。他不辱使命，制定出很多详细且可行的经济制度。大的方向是“遂滋民，与无财”，具体做法是：1.“轻重鱼盐之利，以赡贫穷”，或者说是“通轻重之权，徼山海之业”。2. 实行粮食的“准平”政策，即“民有余则轻之，故人君敛之以轻；民不足则重之，故人君散之以重，凡轻重敛散之以时，则准平”。这种做法其实就是间接承认了农民买卖粮食的权利及自由私田的合法性，而且保障了农民的生产利率。3. 提出“相地而衰征”的土地税收政策，即按照土质好坏、产量高低来确定赋税征收额。4. 制定了“山泽各致其时”的经济开发政策，很好地遏制了当时人们目光短浅、“竭泽而渔”的经济开发状况，相当于历史上最早的环境保护法，禁止人们为了眼前的利益而滥砍滥伐，以保护渔业林木的正常生长，走可持续发展的道路。5. 统一钱币，在齐国设立了专门的货币机构，“轻重九府呻”，钱币铸造权只归齐国政府，造出的钱币呈刀形，又称“齐刀”。

身为一代能臣，管仲对国家经济的贡献巨大，他经纶天下，济世救人，是当之无愧的商界奇才，南怀瑾先生曾多次强调，“我们要真的研究工商企业的发展，就要好好去研究管仲”。

南怀瑾先生在《中国式管理》中还说，管仲的政治思想可以归纳为“管、教、养、卫”，为我们误解已久的管理观念正了名。他说：“政治上讲管理，但是光管理是不行的，还必须教育辅助。管理带着独裁性，只有对物品，才能单用管理；对人事，单说管理，也太无情了。所以要另外配合教育，乃至和员工福利有关的‘养’、‘卫’，如此才能有健全的人事结构，才能发挥团结精神，创造绩效。”这段话虽然讲的是管仲的政治才能，但也夹杂着对他在政治才能中透出的商业管理才华的肯定。

·3·

范蠡：熟谙经济规律的“活财神”

范蠡，字少伯，春秋时期楚国人，中国历史上著名的政治家、军事家和经济学家；生于公元前536年，卒于公元前448年，由于在经商方面表现出了惊人的天赋，被后人尊称为“商圣”。

相传范蠡勤奋好学，喜欢结交朋友，与同时期的谋略家文种相识，二人对楚国非贵族不得入仕的黑暗政治环境十分不满，于是一起投奔越国，辅佐越王勾践，从此开启政治生涯。因此，范蠡一生所取得的成就中，除了数次经商成为巨富之外，最为世人赞不绝口的还在于他辅佐勾践二十余年，帮助勾践完成了兴越灭吴的梦想。更难能可贵的是，范蠡十分识时务，他深知官场的生存规律，正所谓“飞鸟尽，良弓藏”，功成名就之后，他急流勇退，几次化名，在宫廷外的商场上寻找生存的机会。后世有对联这样描述他的一生：“谋国经商其道一也，陶朱公本乃范蠡；功成身退斯名垂矣，宫廷外便是江湖。”

在南怀瑾先生所推崇的古代商人中，范蠡算是儒商的重要代表之一。南怀瑾先生认为，范蠡是一个拥有大智慧的人，他不为眼前的名利所牵绊。三次巨富，三散家财，名满天下，急流勇退。范蠡本人“大名之下，难以久居”的态度与南怀瑾先生的“有名有钱，都算不得人生的大好事”

一致，所以南怀瑾先生才如此推崇他。然而，从古至今，世人都在拼命追求名利和权位，范蠡能够遵照道家思想“功成，名遂，身退，天之道”，换一种笔墨，改写下半生，是十分难得的。

神机妙算，深谙经商之道

千百年来，在中国的商业历史上，曾经化名为陶朱公的范蠡一直被奉为“财神爷”，他经商时所坚持的生意经更是被大大小小的商人尊为做生意的标准。深剖范蠡的经商之道，有很多地方值得后人学习。

首先，他经营思想成熟，从选择经营环境到用人注意事项，再到买卖期限的约定直至成交他都有明确的要求，可以说深入细致、面面俱到。他熟悉市场规律，懂得把握有利时机，物品什么时候最需要，什么时候价值最高，在什么时候卖出最适宜，凡事都预先弄的清楚明白，不盲目出手，确保万无一失。他能够伺机而行，综合评估得失后再做决定。因为时机是成事的关键因素之一，就算在现代社会，也是做生意必须考虑的重要内容。

其次，他做生意比较活络，贵出贱取，薄利多销，不求暴利，他明白，暴利只适合短期交易，想要获得长久稳定的发展，必须注重信誉，抱诚守真，稳扎稳打。

第三，他主张给粮食价格设定界限，以保障商人与农民双方的利益。范蠡认为，“夫粜，二十病农，九十病末，末病则财不出，农病则草不辟矣。上不过八十，下不减三十，则农末俱利”。意思是说，商人若挣不到钱，就不会再做粮食生意，农民若利益受损，就不愿意再从事农业生产，倘若如此，最终影响的是国家的财政收入。因此，要给粮食设定好价格区间，以免不法分子从中谋取暴利，危害双方利益。

第四，物以稀为贵，他主张经营比较匮乏、别人没有或者想不到的商品，以在市场上占据绝对优势。他根据自身掌握的年岁丰歉循环知识，可以准确地预测出哪种物品比较欠缺，以及当年粮食及其他商品的价格变动趋势，以保障自己的投资准确无误。

博施济众，他是最早的慈善家

所谓儒商就是，那种既有儒者的道德和才智，又有商人的财富和成功的人。范蠡是儒商的典范、商界的精英，可想而知，他在个人品德修养、文化素质内涵等方面的修为有多高。可以说，除了诚信经营、童叟无欺之外，他还扶弱济贫、云行雨施，称得上是中国古代最早的慈善家。

范蠡明白“居家则致千金，居官则至卿相，此布衣之极也。久受尊名，不祥”的道理，也深谙“大名之下，难以久居”的历史规律，正如天道一样，昼出夜伏，寒来暑往，秋去冬来，当家中的财产积累到足够多的时候，就是夕阳西下的时候，于是他尊奉古代文人以兼济天下为己任的做人原则，巨富之后快速散财，不妄图永久地占有。所以，在国家危难时，百姓需要救济时，合作伙伴遭遇不幸时，他总是慷慨解囊，不惜散尽家财，以帮助那些需要帮助的人，以至三次富甲天下，三次千金散尽，这也是后世人尊奉他为“文财神”的主要原因。

中国历史长河浩瀚多彩，其中很多人才怪杰如同一颗颗明亮的星星点缀空中，而在儒商中，最明亮的那颗一定是被很多生意人奉为偶像的范蠡，他前半生从政，辅佐一个濒临灭亡的国家成为春秋五霸之一，后半生经商，一介布衣隐姓埋名累积资产竟富可敌国。世人评价他“忠以为国，智以保身，商以致富，成名天下”，可谓是实至名归。

·4·
子贡：贾可儒，儒可贾，贾儒相通

子贡是孔子众多弟子中最有名的一个，生于公元前520年，卒于公元前456年，是春秋时期的卫国人。他复姓端木，本名为赐，三十岁时改名为子贡。

孔子曾经称赞子贡是“瑚琏之器”，即古代祭祀时用到的高贵器皿，以此来比喻子贡是有才能的人，可以担当大任。子贡的突出作为不只是表现在学业方面，还表现在政绩和理财经商上。他口齿伶俐，善于雄辩，有真才实学，办事通达，曾任鲁国、卫国两国丞相，且头脑灵活，十分懂得经商之道，能够敏锐地嗅出市场行情的变化，贱买贵卖从中获利。司马迁曾经在《史记·货殖列传》中给予他很高的评价，称赞他为经济发展作出了突出的贡献。

子贡是孔子学生中的首富，他最难能可贵的地方在于品德高尚，家累千金而不失名声就是对他最简单直接的评价。后世人都尊称子贡为儒商的鼻祖，“端木遗风”就是指他遗留下来的诚信经商的风气，而他也因为这些优良的品行成为汉族民间信奉的财神。子贡善货殖，有“君子爱财，取之有道”之风，一直被后世商界所推崇。

在南怀瑾先生所推荐的古代著名商人中，子贡是最受欢迎的儒商之一，南怀瑾先生除了称赞他的学识、政治外交能力、理财经商能力外，最主要的还是钦佩他高尚的道德素养。

道德楷模，端木生涯

古时候，很多生意人都喜欢在店铺正堂悬挂“陶朱事业，端木生涯”几个字，以示自己诚信经营，童叟无欺，做的是正经买卖，其中“端木”二字指的就是孔子的弟子子贡。南怀瑾先生说子贡是真正的商人，是儒商始祖，他还肯定了子贡在奠定中华儒商文化方面作出的贡献，说他的经商理念有着博大精深的文化内涵，对此，可以总结为以下三个方面：

首先，子贡信守诚信，言行信果。他坚信诚信是一个商人最起码的道德标准，没有诚信的人很难在商界长久生存，于是在商业经营过程中抱诚守真，为自己赢得了很好的声誉。

其次，他义薄云天，仗义疏财。虽然家累千金，贵为巨富，但是子贡的朋友中也不全是富人，更多的是那些有君子风范的读书人和度日艰难的贫者，每当有人需要帮助的时候，他总是慷慨解囊，救人于危难之中。他跟随孔子多年，深谙儒家的“仁者爱人”思想，真正做到了富而不骄，贵而不疏。

第三，他还十分尊师重道，尽管在政治经济方面有很高的建树，但面对孔子，他总是表现得十分谦虚。他曾把老师比作太阳，说老师光彩照人，不是常人所能超越的，还曾多次救助孔子，孔子办学及率领弟子们周游列国所需的经费也多由子贡提供。南怀瑾先生曾经这样评价子贡：“我希望大家要学的一个儒商，就是孔子的学生子贡。今天山东孔子的坟墓，就是子贡出钱修的。孔子死后，弟子们找了一块坟地，就是后来葬汉高祖的那块地。大家没钱修墓，就等子贡来。子贡来了一看，说这块地不行，只能葬帝王，不能葬我们老师。大家说那你来找吧！子贡就在曲阜找到现在的地方。其他学生葬完老师都走了，子贡却‘庐墓三年’，在孔子墓边盖了一座小房子，守坟三年才离去。”

亦文亦政亦商，德才兼备

子贡之所以能成功，除了因为有灵活的经商头脑之外，还在于善于利用资源。在文学上，他是名满天下孔子的得意门生；在政治上，他是鲁卫两国的丞相；在商界，他又是每每猜对市场行情的巨才，这诸多的才能加在一起，成就了这个亦文亦政亦商、德才兼备的商界才子，用现在的话来说就是他在商业竞争中的隐形实力很大。

《论语》中记载，子贡在“言语”方面颇占优势，这个特点无疑在很大程度上成就了他。商界本来就是展示口才的战场，何况像子贡这种仁义君子，能言善辩的言语能力更是让他如虎添翼。在政治才能上，孔子也给予子贡很高的评价，说他的优点在于通达，这里的通达，除了指思想上的通情达理，能够从全局看问题讲之外，还有在人脉资源上“上通下达”之意，正所谓“朝中有人好办事”，很明显，子贡的政界地位和作为对他的经商也有很大的帮助。

子贡，这位享誉古今中外的儒商鼻祖，被南怀瑾先生称为文化商人、货真价实的“儒商”，中国商界流传至今的“经商不损陶朱义，货殖何妨子贡贤”对联，就是对子贡高义和品德的肯定，意思是说，经商和做买卖是不会有损于像陶朱和子贡这样高义而贤德的人的名誉的。子贡之贤，动容古今，唐开元二十七年子贡被追封为“黎侯”，宋大中祥符二年加封为“黎公”，明嘉靖九年改称“先贤端木子”。

·5·
吕不韦：亦政亦商的投机界祖师爷

吕不韦是战国时期卫国濮阳人，生于公元前292年，卒于公元前235年，是中国历史上著名的商人、政治家、思想家。

吕不韦一生，官场上位至丞相，封文信侯，食邑十万，门客三千，家僮上万，太子政继位后，他号称“仲父”，把持朝政；商场上他九曲心肠，成为一代巨贾，继而乘坚策肥，富可敌国；文化上他主持编撰《吕氏春秋》，有八览、六论、十二纪共二十余万言，汇合了先秦各派学说，“兼儒墨，合名法”，摘取“杂家”桂冠。他亦官亦商，主张商而优则仕，是古往今来最成功的投机高手。

在南怀瑾先生所推崇的中国古代商人中，吕不韦是最特别的一个，因为在这个“以成败论是非”的历史规则中，很多事情并不是都能论个非黑即白的，所以他的功过事迹世人很难给出一个合理的评价。对此，南怀瑾先生曾从侧面谈起过，他说：“秦始皇的崛起，消灭战国末期的六国，开始建立皇权统一的中国，的确是历史上的大事。但时势造成一个有变态心理的秦始皇，完全是阳翟（开封禹县）商人吕不韦的商业谋略所制造成功的结果。”可以看出，吕不韦是个成功的商人，他做的是非一般的大买卖，然而，即便他做生意再成功，他的所做所为却没有得到世人完全褒义的评价。

心思玲珑造就奇货可居

在《原本大学微言》一书中，南怀瑾先生详细剖析了吕不韦的“奇货”投资计划，直指秦王嬴政的身世和吕不韦奇货可居的商业投资计划是中国历史上不能讳言的事实。

作为当时最善于左右逢源的大商人，吕不韦时常能够准确把握商机，贱买贵卖，日积月累，积攒起了千金家业。他因为经商经常辗转各地，一次经商的途中，他分析了当时秦国的政治局势：安国君被封为太子，安国君有二十多个儿子，子楚最不受宠被送去赵国当人质，秦国总是攻打赵国，子楚在赵国的地位岌岌可危，生活也是相当拮据，而安国君最宠爱的华阳夫人又膝下无子，假如让华阳夫人协助他帮子楚登上国君宝座，自己岂不是可以一飞登天?

吕不韦到邯郸做生意，有机会见到子楚，于是惊喜不已，心想：“子楚就像一件奇货，可以囤积居奇，以待高价售出。”他拜访子楚，说：“秦王已经老了，安国君被立为太子。我私下听说安国君非常宠爱华阳夫人，华阳夫人没有儿子，能够选立太子的只有华阳夫人一个。现在你的兄弟有二十多人，你又不受秦王喜爱，长期被留在赵国当人质，即使秦王死去，安国君继位为王，你也不要指望能同长兄和早晚都在秦王身边的其他兄弟争太子之位。”子楚深知吕不韦所讲的都是实情，但是自己身困赵国难有大作为，于是问：“你说的没错，那我该怎么办呢？”吕不韦说：“你很贫窘，又客居在此，也拿不出什么来献给亲长，结交宾客。我吕不韦虽然不富有，但愿意拿出千金来为你西去秦国游说，侍奉安国君和华阳夫人，让他们立你为太子。”子楚于是叩头拜谢道：“如果实现了您的计划，我愿意分秦国的土地与您共享。”

后来的结果大家都知道，吕不韦将自己已经怀孕的侍妾送给子楚，帮助子楚继位后，自己的儿子政被子楚误认为亲生儿子封为太子，吕不韦本人也因为辅佐有功被封侯拜相，至此，吕不韦投资奇货的商业计划大获成功。

《吕氏春秋》换取千秋功名

在商场和官场上都春风得意的吕不韦依旧不满足，他联想到当时魏国的信陵君、楚国的春申君、赵国的平原君和齐国的孟尝君都是德高望重、名扬四海的君子，于是也想以自己如今不凡的地位换取千古流芳的贤名。若把他的这个想法也当作一场生意的话，吕不韦无疑又取得了成功。

想法确定之后，他也学着四公子的样子，结交宾客，礼贤下士，招来很多的文人贤士。吕不韦给他们提供优厚的待遇，把他们奉为门客，命令他们根据自己的所见所闻，综合起来编撰了一本网络诸子百家杂说的书，即《吕氏春秋》。

南怀瑾先生在《原大学微本》中对这部书进行了简述，他说：“这部书以上古儒道部分为主旨，尤其以传统文化中的宇宙物理的五行理论科学做纲要，串联政治哲学的理论基础。书作完成，悬之国门，公布如有人‘增损一字’，就赏赐千金，表示比孔子著《春秋》、删诗书、订礼乐的气魄还要伟大。客观地说，这部《吕氏春秋》在后世的学术著作中，还是有它的价值的。”

纵观吕不韦的一生，结合他在任期间，曾经帮助君主攻取周、赵、卫的土地，在兼并六国中所作出的巨大贡献；再联系到后来，他因嫪毐集团叛乱受牵连，被免除相邦职务，迁出河南封地，最终心有顾忌畏罪自杀，南怀瑾先生给出了最贴切的评价：“吕不韦的商业政治计划，在历史上，是绝无仅有的成功。但他只知道权位和富贵的可贵，毫无学养上的‘内明’和‘外用’的基础。因此，他又彻底地失败，终至于身败名裂，一生很可惜，又很可怜。”

·6·

巴清：工商致富的“赞助商”

巴清是巴国、巴郡时期重庆长寿人，也是中国历史上为数不多的女富豪，年代太过久远，她的姓氏已经无从考证，只能从后人的习惯性称呼中为她定名为巴清。由于丈夫英年早逝，她年纪轻轻便成了寡妇，因此后人还称她为巴寡妇清。关于她的生卒年月也没有足够的历史资料，只能根据后人的猜测暂定为秦惠文王设置巴郡之后到秦朝初期。

相传，巴清年少时家境并不优越，她曾经跟随父亲学习诗书，颇懂礼仪，又因为相貌和气质俱佳，嫁给了当地一位青年才俊。然而不幸的是，巴清的丈夫年纪轻轻就去世了，留下了祖业水银和丹砂矿产，巴清不负丈夫所托，一生没有再嫁，挺身支撑起了丈夫未竟的事业。她利用自己的聪明才智，不但守住了家业，成了中国南方著名的大工商业主、中国历史上最早的女企业家，而且垄断了当时的丹砂业，最终富甲天下，“僮仆千人”，累积家财之多约合白银八亿万两、又赤金580两。她因出巨资修长城，为秦始皇陵提供大量水银，晚年被接进宫，封为“贞妇”，她死后，秦始皇还专门为她修筑了“怀清台”以示褒扬。

南怀瑾先生在其演讲稿《中国式的管理》中曾经说：“中间提到中国

上古矿业界名女人巴寡妇，巴清。四川人，开矿起家，在当时富甲天下，像秦始皇这种任何人都看不上、都要杀的人，为了跟这个巴寡妇见个面，特别开辟一条马路，从四川把她请来，对坐而谈，这不是工商致富抗衡权势的力量吗？”可以看出，南怀瑾先生认可商人的地位，更加认可一届女商人巴清的能力。

用财自卫，不见侵犯

提起长城，中国人最先想到的女性应该是孟姜女，有关孟姜女哭长城的故事可谓是家喻户晓，然而，细细论起来，巴清与长城的关系要比孟姜女近多了。

在中国若干有据可查的典籍中，有关巴清捐资修筑长城的事迹时有出现，其中包括《史记》、《一统志》、《括地志》、《地舆志》、《舆地纪胜》、《州府志》等这类比较著名的史书。资料中称，巴清一生没有再嫁，而是将所有的精力都用来经营丈夫留下的庞大家业。富甲一方的巴清不像有的富人那样恃强凌弱，而是乐善好施，她全力以赴搞好劳工福利待遇，积极扶贫济困，妥善安置前来投靠的乡亲，并且建立了一支私人武装队伍来保境安民。此外，她没有子女，晚年的时候将自己的全部财富捐赠给国家用来修筑长城，由于长城在当时是一项耗资巨大的国防工程，所以司马迁曾这样着墨描写巴清：“用财自卫，不见侵犯。”

巴清为国家和人民作出的贡献十分巨大，连秦始皇都十分看重她，尊其为“贞妇”。她死后，秦始皇按照她的遗愿，将其灵柩运回家乡，厚葬于长寿龙山寨，在墓地修建高台，并亲笔题写了“怀清台”，来寄托自己无限的哀思，表达对巴清的怀念和敬意。可以说，在中国历史上，能够获此殊荣的女性并不多见。此后，世人都不曾忘记这位商界奇女子，明末诗人金俊明就有诗云："丹穴传赀世莫争，用财卫国能守贞。龙祖势力倾天下，犹筑高台怀妇清。"

礼抗万乘，名显天下

"礼抗万乘，名显天下"也是司马迁在《史记·货殖列传》中对巴清的描述，他说，"巴寡妇清，其先得丹矿，而擅其利数世，家亦不訾"、"清穷乡寡妇，礼抗万乘，名显天下，岂非以富邪"？在这段简短的描述中，司马迁除了称赞巴清的富有，还着重强调了工商业的重要性，他认为，巴清之所以能够礼抗万乘，名显天下，就是基于她在商界的作为。

司马迁的这种认知和南怀瑾先生不谋而合，而南怀瑾先生在演讲中所讲述的关于巴清的例子，也正是为了提醒世人，工商力量能够抗衡权势。当年巴清富可敌国，前来投靠的人更是成千上万，其实力足以与万乘公卿分庭抗礼，再加上她为秦始皇修筑长城及骊山陵墓提供了大量的朱砂和水银，所以才能得到秦始皇的最高礼遇，才能站在如此高度与一国之君对话。

南怀瑾先生说，"能够影响未来的有两样东西，武力跟钱财"，所以国家的发展，除了重视军事力量之外，还要重视能够积累钱财的工商业。他说："求名于千载之后，计利于百代以还，取法乎上，适得乎中。诸位同学千万要高自期许，江山代有才人出，各领风骚数百年，绝不要只做末等人啊。"

如此一来，我们便不难理解南怀瑾先生推崇的古代商人巴清赫然在列的原因了，为商人，她是叱咤风云、风光无限的女企业家；为人妻，她是忠贞不贰、清白一世的“贞妇”；为臣民，她是兼济天下、忧国忧民的“活神仙”。所以说巴清是中国商人的楷模，也是巴郡时期工商业发展水平的标志性人物。

·7·
桑弘羊：打理财富的“神速算”

桑弘羊是西汉时期的政治家、财政大臣，生于约公元前152年，卒于公元前80年，曾两朝为官，因“言利事，析秋毫”，深得汉武帝赏识，被委以重任。曾任侍中、大农丞、治粟都尉、大司农、御史大夫等职，因功赐爵左庶长，掌管国家的财政事务近四十年，被后世称作西汉的大会计。

史料记载，桑弘羊出生在商人家庭，由于从小受商业氛围的感染，他十分精于心算，十三岁时便入仕宫中。在汉武帝的信任和提拔之下，他对国家重大经济政策先后实施了一系列的改革，如：推行算缗、告缗、盐铁官营、均输、平准、币制改革、酒榷等，这些政策的执行很大程度上扭转了汉武帝常年征战导致的国库亏空局面，大幅增加了国家的财政收入，为抵御外敌入侵，支持武帝继续推行经国济世事业奠定了雄厚的物质基础，从这个角度来考虑，桑弘羊与春秋时期的管仲一样，也是擅长做国家生意的商人。

南怀瑾先生十分推崇桑弘羊，曾在很多场合提及。在上海国家会计学院的讲座中，他说："你们做大会计的要读历史，并且要学历史上两个人：汉武帝的时候，一个是桑弘羊，完全商人出身，还有一个商人叫卜式。汉武帝的时候，用兵天下，国家多事需要钱，所有用兵的经费都是他们运筹帷幄。桑弘羊这个商人，十三岁就开始参与国家大事，在皇帝边上提意见了，汉武帝都听他的。"可以看出，南怀瑾先生言语中全是对桑弘羊的赞美。

民不益赋而天下用饶

"民不益赋而天下用饶，利不用竭而民不知"是司马迁在《史记·卷三十·平准书》中说的一句话，也是他对桑弘羊在为国理财方面所做贡献的肯定，意思是说，天下的财富日渐增多，可是老百姓的税赋却没有增加；国库里的钱越来越多，可是老百姓却没有觉得自己被剥夺了。对于一个管理者来说，能做到这些，真的是十分难得的。

汉武帝好大喜功，常年征战和大兴工业，国家财政开支连年加剧，国库日益亏空，作为国家主要财政负责人的桑弘羊通过盐铁、平准、均输等一系列改革，在不增加农民税务负担的情况下，满足了汉武帝继续推行文治武功事业的需要，解决了困扰汉武帝许久的资金匮乏问题。他在为国理财方面表现出的能力和天赋令汉武帝倍加赞赏，就连一向对桑弘羊有诸多不满的司马迁也不得不发出"民不益赋而天下用饶，利不用竭而民不知"的感慨。

提高了工商业的地位

封建国家的经济基础是自给自足的自然经济，这种经济的主要部门是农业，因此重农抑商一直是中国历代封建王朝最基本的经济指导思想。具体表现就是，只重视农业的发展，以农业为本，在不同程度上限制商业的发展，商人的地位也因为掌权者对商业的打击而十分低下，世人都以经商为耻。

然而，桑弘羊在担任国家财政要员期间，率先提出了积极介入工商业增加经济收入的主张。在盐铁会议上，他明确表示“富国非一道”、“富国何必用本农”，“无末业则本业何出”。也就是说，桑弘羊认为，农业并不是农民和国家致富的唯一源泉，工商业同样可以使世人积累财富。他还细致地指出了工商业与农业之间的关系，即：工商业的发展制约着农业的发展，因为“工不出，则农用乏；商不出，则宝货绝”。桑弘羊是中国历史上第一个反对封建经济思想、提出不依靠农业富国的思想家，他此举不但促进了工商业的发展，还在很大程度上提高了工商业经营者的地位。

针对提高工商业在经济中地位的这一想法，桑弘羊采取了一系列积极的财政调控政策，这些政策的共同点就是由国家积极介入工商业来改变经济状况，增加国家和个人经济性收入。他制定出的这些措施，基本都遵照这一思想。在盐、铁、酒的管制上，他实行专卖的经营模式，将管理权收归国有，利用价格的垄断，来获取高额的利润收入，充实国库；他推行均输平准政策，不但调节了商品流通，抑制了不法商人获取暴利，还平抑了商品市场上价格忽高忽低的现象。桑弘羊这些措施起到的作用是十分积极的，打击了富商大贾的势力，增加了政府的收入，减轻了百姓的负担，正如司马迁所言，基本上做到了“民不益赋而天下用饶”。

今天回过头来评价桑弘羊，我们不能否认，他的这些财政措施及内外政策，在抗击匈奴、保卫国家不受侵犯、加强中央集权、抑制豪强势力、农商并举共同发展等方面都起到了很大的积极作用，他让世人明白了一个道理，商业虽然不能直接创造财富，但是它作为对社会财富再分配的重要手段之一，能够很好地带动和鼓励农业的发展。而且在商业经营过程中，上缴的那部分税收及垄断收入，对国家来说，等于开了一条收入的源泉，也是十分有利的。然而，桑弘羊的一些政策触碰了高官富豪的利益，公元前80年9月，桑弘羊被无辜卷入刘旦和上官桀父子的谋反事件，牵连被杀。

·8·
卜式：忧国忧民的牧羊倌

与桑弘羊同时代被南怀瑾先生推崇的大商人还有一个卜式，具体生卒年月无从考证，他也是西汉的大臣，隶属河南，与桑弘羊同朝为官，却对当时的大司农桑弘羊泱泱不服，对其“民不加赋，国用自饶”的评价不以为然，斥责他“不务大体，专营小利”。

卜式是一个牧羊能手，以牧羊致富。相传，他家中有一幼弟，二人分家的时候他将房屋良田全部留给了弟弟，只赶走了家里的百余只羊，多年后，他的羊群由百余只扩大到了千余只，弟弟坐吃山空，卜式就又慷慨地将财产的一半分给了弟弟。武帝时，匈奴屡屡犯境，卜式作为一个普通百姓，直接上书朝廷，愿意拿出家财的一半捐给国家帮助击退匈奴。汉武帝派人问他是否想做官？是否有冤屈要伸？都被卜式否定了。后来，匈奴浑邪等人投降之后，朝廷需要大批的开支来帮助贫民迁徙，然而国库空虚，朝廷负担不起，卜式主动出钱二十万救济家乡贫民。当时河南的富人受到卜式的影响，纷纷站出来帮助穷人，皇上在捐赠者的名单上见到了卜式，十分感动，拜他为中郎官，赐爵左庶长，赏田十顷，布告天下，用他的良好品德教育、激励天下人。

南怀瑾先生认为，一个真正的商人一定是一个有社会责任心的人，卜式拒名拒利，天下为公，在自己通达之后想着兼济天下，想着帮助穷苦的人，这一点与南怀瑾先生的主张刚好完全符合。南怀瑾先生说“我们现在讲的‘经济’，是根据日本人翻译西洋的转译过来的，把经济两个字搞狭小了，只局限在财经而已，古人讲经济是了不起的学问”，那么，在古代，能够把经济这门了不起的学问搞的很好的商人更是了不起的商人。在南怀瑾先生眼中，卜式就是这样一个胸有经济、通达时务、了解政治情况的成功商人。

大道之行，天下为公

卜式晨兴夜寐，勤劳奋进，将家里的财产分给弟弟之后独自带着家中的羊群进山放牧，过了十年，羊的总数翻了十倍之多。

俗话说“天下兴亡，匹夫有责”，意思是说，国家的兴盛和衰败，每个人都是有责任的。当时的汉朝连年战乱，国库吃紧，卜式深知没有国就没有家，于是上书朝廷表示愿意把一半财产捐献出来支援边境战事。然而，当汉武帝派人问他之所以如此慷慨是不是有所求时，卜式摇头否认，丞相弘知道后，揣度说："卜式这样做不符合人的本性，对这些图谋不轨的人，不能为了利益而破坏法纪，请陛下不要答应。"在丞相眼中，卜式无事献殷勤，非奸即盗，世界上没有免费的午餐，卜式公而忘私、无欲无求的做法让人感到茫然。所谓"以小人之心度君子之腹"，大抵就是如此。其实，这也正是卜式的可贵之处，他以天下为公，纯粹是作为一个普通百姓出于对国家的忠诚才慷慨捐赠的，结果无端遭人猜忌，实在无辜。听了丞相建议的汉武帝就这样把卜式在牢中关了几年，后来发现没什么事，就将他放了，卜式回到山里继续放牧。

因为主动捐赠吃过亏的卜式并没有因此而改变自己扶危济困的初衷，一年之后，匈奴投降，大量贫苦百姓流离迁徙，需要朝廷供给吃住才能勉强存活，然而朝廷国力有限，没法全部供养。就在危机时刻，卜式雪中送炭，拿出二十万钱给河南的郡守，分给迁徙来的百姓做安家费用。河南郡守上报了当地富人捐赠贫民的名册，恰巧被武帝看到了卜式的名字，这才记起了当年主动要求支援战争的他，于是说，这就是当年想捐出一半家产助边的人。武帝大为感动，当即赏赐了卜式，把四百戍边人的十二万给养钱归他，拜为中郎，赐爵左庶长，又赐予他良田十顷，而卜式又把这些钱还给了朝廷，以作救济之用。

作为一个普通的牧羊人，卜式胸怀天下，为人为商他都有着崇高的境界，南怀瑾先生推崇他，就是因为他堪称古往今来商人的楷模，值得当今社会的每个人学习。

融会贯通，放羊言治国

关于卜式的故事，除了牧羊致富、输财助边、毁家抒世难之外，还流传下来一个放羊言治国的故事。当年卜式为国为民做了很多善事之后，汉武帝十分感念他的高尚品行，想要留他在朝廷做官，然而，无论怎么劝说，一心以养羊为乐事的卜式就是不从。后来汉武帝无奈，将他拜为中郎，并对他说："既然你喜欢放羊，我有羊在上林苑，就请你去放牧吧。"卜式这才接受了汉武帝的封赐。

官拜中郎之后，卜式仍然尽心尽力地喂养羊群，把羊儿养得白白胖胖、膘肥肉满的。一年之后，汉武帝去上林苑召见卜式，见卜式把羊养得这么好，十分赞赏，与之闲聊起来。哪知卜式话锋一转，讲起了政事，他说："这些羊之所以养得这么好，完全是按时起居，定时喂料，再加上有'恶羊'就及时除去的缘故。养羊是这样，兴国治民也是一样的道理。"汉武帝听后很诧异，没想到一个放羊倌竟然如此关心国家大事，而且讲得句句在理，于是再次提升了他的官职。

可以看出，卜式身为一个商人，在放羊之余能够融会贯通，思考和谈论国家政事，实在难能可贵。

南怀瑾先生说："我常常感到，国家亡掉了不怕，还可以复国，要是国家的文化亡掉了，就永远不会翻身了。"商人的操守与品行也是中国文化的一部分，能够在富贵之余从社会大局方面考虑问题的卜式就是我们永久的榜样。

·9·

盛宣怀：晚清中国实业之父

盛宣怀祖籍江阴，是清朝时期著名的政治家、企业家和慈善家，生于1844年11月4日，卒于1916年4月27日，他是清末秀才出身的官办商人，也是洋务派的代表人物，一生为国家经济发展作出了巨大的贡献，被世人誉为“中国实业之父”和“中国商父”。

盛宣怀出生在官僚地主家庭，太平军攻打到常州时随父母逃亡，辗转各地，1862年见四川与淮北的争战僵持，在长辈的勉学鼓励之下，热衷于研究社会问题，并且能够提出独到的见解，从此立志要匡时济世。1867年，盛宣怀接连遭受祖父去世、乡试落榜的打击，心灰意懒，随父亲盛康一起回家设义庄，增祭田，建义学，修宗谱惇宗睦族之事。

直到1870年，盛宣怀的人生才发生重大转折。年仅二十六岁的他有幸进入李鸿章幕府当文书，以其在发展资本主义工商业方面表现出的天赋受到李鸿章的赏识。在跟随李鸿章期间，他多次提出发展实业的建议，屡屡被采纳，此后在李鸿章的委任下创建了一个又一个的“中国第一”，成为掌握大清十几家垄断企业的实业家，财富不计其数，官级也一步步地从文书升到一品尚书，堪称晚清重臣。

南怀瑾先生在讲“中学为体，西学为用”这个概念的时候，要求世人先研究张之洞、曾国藩、李鸿章，紧接着就提到了盛宣怀。可见，在南怀瑾先生眼中，盛宣怀与前三者一样是在面对中西方学者沟通之间的矛盾时，能够站在更高的境界上，在尊重中国自身文化的同时，识时务，愿意学习外国文化，发展实业救国的人，也是真正干实事的商人。

十一项“中国第一”

提起盛宣怀就不得不提他为中国创造的十一项“中国第一”。盛宣怀乡试落榜之后，世代书香的盛家凭借家里的人际关系将其推荐给了李鸿章，在李鸿章幕府当文书。在李鸿章的支持下，盛宣怀创造了十一项“中国第一”，分别是：1. 1872年受李鸿章委托创办第一个民用股份制企业——轮船招商局；2. 1880年创建中国第一个电报局——天津电报局；3. 1886年在中国山东创办第一家小火轮公司——山东内河小火轮公司；4. 1889年创办中国历史上第一条铁路干线——京汉铁路；5. 1896年在上海创办南洋公学，该学校也是上海交通大学、西安交通大学、台湾交通大学的前身。6. 1897年5月27日，在上海外滩开办中国历史上第一家银行——中国通商银行；7. 1898年，开办萍乡煤矿，后又创办中国勘矿总公司，1908年将其与汉阳铁厂、大冶铁矿合并，创办中国第一家钢铁煤联合的企业——汉冶萍煤铁厂矿公司；8. 1902年创办中国勘矿总公司；9. 1910年建立上海图书馆；10. 1895年建立中国第一所正规大学北洋大学堂，也就是后来的天津大学；11. 1904年春在上海创办红十字会，并被清政府任命为中国红十字会第一任会长。

盛宣怀一生忙忙碌碌，却硕果累累，他的十一项“中国第一”开阔了受闭关政策影响良久的国人眼界，改变了当时贫穷落后的状况，在不堪内忧外患之扰的中国，他凭借自己的聪慧为国人开辟了另一条出路。李鸿章曾这样评价他：“志在匡时，坚韧任事，才识敏赡，堪资大用。”

以铜臭之身聚书香之气

盛宣怀是中国历史上著名的慈善家，为了救济百姓，他创建了许多慈善机构，其中天津的广仁堂及上海的万国红十字会是最有名的两个。他热心公益，积极赈灾，是很有社会责任心的商人。然而，由于受自身求学经历的影响，对封建教育多有不满的盛宣怀与其他慈善家最不同的地方在于，他更加热衷于创办学校，力求改变国人的教育观念。

盛宣怀生于书香世家，家人尤其重视教育，但他的科举之路并不顺利，参加了三次科举均名落孙山，这一经历在很大程度上催化了他倡导新式教育的思想。于是，在他一生的事业中，“以铜臭之身聚书香之气”便成了必不可少的一项。

1895年，盛宣怀组织创建了北洋大学，这也是中国近代第一所大学。随着时局的变化，北洋大学用过很多名字，比如北洋西学学堂、北洋大学堂、北洋大学、国立北洋大学、国立北洋工学院等，到1952年才改名为天津大学。北洋大学的建立在中国教育史上具有里程碑的意义，它结束了中国延续一千多年的封建教育，开启了中国近代教育的时代。

针对这所新式学堂的管理，盛宣怀采用了新式的方法，他以专家办学的方式，聘请美国教育专家丁家立掌管大学堂的具体事务，并且聘请一批外籍教员来传授西方先进的文化和理念。同时，根据国家的实际发展情况，每当需要新式人才的时候，他就在大学内设置新的专业，以供用人之需。此外，盛宣怀还创办了第一所新式示范学院“南洋公学”，以培养中国新式人才。所以，在历史上，盛宣怀除了是一个商人之外，还称得上一位教育家。

南怀瑾先生在与欧美同学会人士的对话中曾经引用了中国近现代著名教育家蒋梦麟先生的一段话：“以儒家的学问做人，道家的学问处事，鬼家的精神办事”，他特意强调此处的鬼家就是洋鬼子，也就是西方逻辑。南怀瑾先生此举就是在讲体用的问题，而晚清中国实业之父盛宣怀的慈善仁爱之心、淡薄无争之态、求真务实之行，都是南怀瑾先生推崇的重要原因。

·10·

张謇：实业救国的末代状元

张謇，字季直，清朝末年的状元，祖籍江苏常熟，生于1853年，卒于1926年，是中国近代史上著名的实业家、政治家、教育家，同时还是中国上海海洋大学的创始人、中国棉纺织业的早期开拓者，以“实业救国”和“教育救国”的理念在政治领域、教育领域和实业领域都作出了很大的贡献。

张謇为了促进中国轻工业棉纺织业的发展，组织创办了中国第一所纺织专业学校，专门培养纺织方向的人才。同时，他借由家乡产棉的便利，以家乡为中心，建立了棉纺织原料供应基地，积极鼓动乡亲们对棉花品种进行改良和推广种植，此举不但为家乡闲散的劳动力提供了就业机会，同时促进了棉纺织业的发展。毛泽东主席在谈到中国民族工业时曾说：“轻工业不能忘记海门的张謇。”

除了“实业救国”之外，不忍见国家满目疮痍的张謇还开创了另一条救国之路，即重视教育的发展，兼走“教育救国”道路。为此，他一生中创办了370多所学校，培养人才无数，为中国教育事业的发展献出了毕生精力。

当今社会人心不古，物欲横流，正如南怀瑾先生所言，唯教育是从根本上解决人心大患的途径，纵然漫长艰巨，必有当仁不让者辈出，此乃中华繁衍兴盛之基础也。此外，南怀瑾先生在一次讲话中还赞扬了一位放弃金融高管的名利、一心投入教育事业的年轻人，说到动情处，几乎泪湿眼眶。这让人们不禁想起清末状元、主张“实业救国”和“教育救国”的名士张謇，他心忧祖国未来，矢志于教育兴邦、实业兴国，为祖国的光明未来点燃了毕生的激情。

为减少对外贸易逆差提出棉铁政策

棉铁政策又称棉铁主义，是张謇于1910年提出的经济思想。该思想认为，要想振兴实业就要优先发展棉纺织工业和钢铁工业。因为优先发展这两种工业可以“操经济界之全权”，减少对外贸易逆差。

张謇多次悉心查阅《海关贸易册》，发现棉纺织品是家庭生活必需品，而中国物产富饶，居然没有重视发展轻工业，乃至所需棉纺织品尽靠进口，这是中国“第一至大漏厄”。此外，铁是制造工农工具必不可少的材料，国家兴办工业必定要使用现代化的器械，如果完全靠进口将受制于人，所以，如果想振兴实业，必须优先发展棉铁工业。

以现代发展经济的角度看待张謇当初的提议，他在注重发展轻工业的同时已经注意到发展诸如钢铁类的重工业，完全符合经济发展规律。他跳出了当时普通人思维的局限，站在一定的高度来看待民族工业发展的关键。尽管受资金及精力的限制，张謇最终未能涉及钢铁行业，而是寄希望于汉冶萍公司，但是他的先进提议和主张已经为中国实业的发展指明了方向。

失败的英雄

张謇的后半生都是与“大生”绑定在一起的，光绪二十二年初，受张之洞的派遣，张謇在南通创办了大生纱厂。大生纱厂最初的定位是商办，然而，在筹集资金的道路上张謇吃尽了苦头，他先是通过官招商办、官商合办来集股筹款，但收效甚微；再向官府寻求援助，也无果而终。因为凑集资金困难，他不得不一再降低自己对目标的要求。而曾经答应过出资援助的江宁布政使桂嵩庆及盛宣怀见大生的前景渺茫都偃旗息鼓，曾经信心满满的末代状元一度沦落到在马路上卖字以筹集旅费的地步。

功夫不负有心人，经过张謇的顽强坚持，大生纱厂久经波折之后终于在两江总督刘坤一的支持下建成并投入生产。经历了最初几年的探索阶段，大生纱厂逐渐步入正轨、发展壮大。1904年，该厂扩大经营，增加投资63万两、纱锭2万余枚，又过三年，张謇在崇明久隆镇创办了大生二厂，投资100万两。到1911年，大生一、二纱厂共获净利高达370多万两。随着收入的增多，张謇在国人心中的地位和权威也越来越高，工厂再有需要，融资已经不是太大的问题。迎来黄金时代的大生从1914年到1921年的8年间，创利1000多万两。

在此过程中，张謇还带头创办了很多其他企业，如面粉厂、油厂、电厂等。有数据显示，他一生创办了20多个企业，为中国实业的发展起到了关键的作用。

1922年，纱厂迎来了黑暗期，一时间，棉贵纱贱，大生在这场金融风暴中由盈利转向亏损，一厂亏损39万多两，二厂亏损31万多两。此次棉纺业的危机给张謇带来了沉重打击，认识不到张謇的失败会给国家带来严重影响的清政府对大生的由盛转衰坐视不管，任由大生衰败下去。而另一方面，急忙向海外求助的张謇也未能盼来资金，自此，债台高筑的大生无奈地转向了衰败。张謇的失败被后人总结为：以企业家之力办社会化之事而受到严重拖累的结果。

大生的衰败标志着张謇的失败，身处内忧外患的特殊年月，张謇的“实业救国”虽然没有挽救国家于危难之中，但是他作为一个企业家对社会所体现出来的责任心和爱国之情是为世人所动容的，而这也正是南怀瑾先生所倡导的。胡适曾这样评价张謇：张季直先生在近代中国史上是一个很伟大的失败的英雄，这是谁都不能否认的。他独立开辟了无数新路，做了三十年的开路先锋，养活了几万人，造福于一方，其影响扩展至全国。同时，他在培育人才方面所作出的贡献，对此后中华民族的影响更是不可估量的。

Part 8

身无分文，富可敌国

——南怀瑾谈商人情怀

世人皆知南怀瑾先生是中国当代著名的国学大师、佛学家、教育家、文化传播者、诗人、武术家，却不知他还是一位商人。“身无分文，富可敌国；手无金印，权倾天下”是他一生的真实写照，也是对他“商业”作为上的肯定。然而，南怀瑾先生与普通商人不一样，他经商不为盈利，助学不为留名，只为奉献社会、造福苍生。他带头修建金温铁路，重续中国文化之根，以一己之身赢得了万人的尊重，可不就是一个成功的商人吗?

·1·

小企业做生意，大企业做人

南怀瑾先生曾经说过，做生意，办企业，靠的是福报，人应该储存福报，有福报，走到哪里都有吃的，做什么行业都能赚钱；如果没有福报，钱是守不住的，而且钱只能这辈子用，而福报是生生世世都可以用到的。那么，怎样才能有福报呢？答案是：学会做人，勤俭节约，善因好缘，慈悲喜舍，吃亏奉献。正所谓“积善之家必有余庆，积恶之家必有余殃”，人若为善，福虽未至祸已远离，人若为恶，祸虽未至福已远离，说的就是这个道理。所以，做生意要先学会做人。

古往今来，很多鲜明的例子告诉我们，那些生机勃勃、财源滚滚的企业，其经营者大多是有自己的思维和主见、头脑灵活、观念超前且品德高尚的人；而那些半死不活、朝不保夕的企业，其经营者大多是头脑顽固、因循守旧、疑心重、人品有待商榷的人。但凡自以为懂得几个做生意的规律，随意欺瞒哄骗别人，只为赚取一些蝇头小利的人，最终都会在他人鄙夷的目光中孤独离场。能够留下来越做越大的企业，都是那些尊重社会规律和秩序，在满足人们对诚信和道德的要求下稳步踏实发展的企业。

南怀瑾先生曾宣扬办企业的最高境界——资本主义的管理、社会主义的福利、共产主义的理想、中国文化的境界，其本意还是要求我们在做生意之前先学会做人，单纯只做生意是永远也做不到如此境界的。

做人要厚道

有记者曾问李泽楷："你的父亲李嘉诚究竟教会了你怎样的赚钱秘诀？"李泽楷说："父亲从没告诉我赚钱的方法，只教了我一些做人处事的道理。父亲说，与别人合作，假如你拿七分合理，八分可以，那我们李家拿六分就可以了。"亚洲首富李嘉诚的生意经竟然如此简单，做生意先做人，做厚道的人，在这个物欲横流、贪婪无度的年代，最高明的处事方法是拥有经得起考验的高尚品格。

相传汉武帝称帝之后，他的姐姐湖阳公主死了丈夫，那时候的社会风气比较开放，女子再嫁不是什么丢人事，于是刘秀就张罗着给姐姐再找个夫君。在众多大臣中，湖阳公主对大司空宋弘格外喜爱。常年一起商讨军政，刘秀也知宋弘在容貌、威望、德行等方面都高出众人。为了促成这桩好事，刘秀次日便召见宋弘，特意让姐姐湖阳公主躲在屏风后面。刘秀说："民间有句俗语说，贵了要换朋友，富了要换老婆，你觉得这是人之常情吗？"其实这是刘秀为宋弘下的一个圈套，也是一个诱惑，谁知宋弘却以"贫贱之交不可忘，糟糠之妻不下堂"这句话委婉地拒绝了刘秀，同时也表明了自己做人的原则。就这样，刘秀无言以对，如意算盘也落了空。

面对诱惑依然泰然自若，不做违背自己良心的事，这便是宋弘的品德所在，也是他做人的厚道之处，虽然没有能与皇帝攀上亲戚，但他在刘秀及湖阳公主心中的形象却更加高尚起来。做生意也是如此，厚道的经营者明白，做企业不只是做产品、做品牌，更是在做人，只有把人做好了，才能做出正确的企业文化，才能生产出受人欢迎的产品。

做人要有社会责任心

南怀瑾先生在做讲座的时候，曾经多次以《易经系传》中的“举而措之天下之民，谓之事业”忠告在座的工商界人士。在他眼中，只有将个人利益与社会利益联系在一起的人做的才叫事业。企业不只是单纯地追求财富和利润，最重要的是承担起对社会的责任，计利要计天下之大利，才能有大的发展。

邵逸夫是一位在关注自身企业需求的同时更加关注社会和人民需求的企业家，作为香港电视广播有限公司荣誉主席、邵氏兄弟电影公司的创办人之一，他在中国电影界占据着举足轻重的地位。邵逸夫并不是香港首富，但他却是香港乃至全国最慈善的企业家。在香港，他的知名度来源于他在影视方面作出的成绩，在内地，他的影响力则主要源于他的慈善捐赠。自1985年与教育部合作以来，他多次向内地捐资用来兴建教学设施，国内多家院校陆续盖起了“逸夫楼”。此外，他还热衷于捐助社会公益、其他慈善项目。1999年，他向台湾捐款2500万港元，救助“9·21”大地震灾民；2005年，他捐出1000万港元给南亚海啸受灾地区；2009年，台湾八八水灾，他捐款1亿新台币救助灾区；2010年，青海玉树大地震他又捐款1亿港币……据统计，他一生共兴建了6000多个教育和医疗项目，截至2012年，捐款金额高达47.5亿港元。

邵逸夫是一个勇于承担社会责任的生意人，他做的事情才称得上事业，中国国务院副总理刘延东曾经这样评价他：“一生爱国爱港，艰苦创业，慈善济世，令人敬佩。”这样的企业家，才是会被钱追着跑的企业家，想不盈利都难。

做好生意只能使企业发展一时，做好人才能使企业获得长久发展。胡适之先生说，“要怎么收获，先要怎么栽种”，如果已经种下勤俭、结缘、喜舍、奉献的种子，自然能收到富贵、长寿、健康、善终的果实。正所谓“小胜靠智慧，大胜靠品德”，用南怀瑾先生的话来说，有福报的人才能厚积薄发、气势如虹，所以欲做生意先做人。

·2·
商道难行，从浩瀚国学中汲取养分

国学一词由来已久，然而，经过多年的争辩和研讨，学术界仍然没有一个明确的定义。关于国学的概念，我们习惯性认为它是在20世纪20年代“西学东渐”之风盛行时，相对于张之洞、魏源等人提出的“西学”概念而提出的对中国传统文化的概括。从这层意义上来讲，国学即汉学，泛指中国的传统文化与学术，涵盖中国古代哲学、史学、宗教学、文学、中医药学、礼俗学、考据学、伦理学、农工商学、地理学、经济学、政治学、书画学、音乐学、建筑学等诸多方面。

从国学涵盖的方面来说，它是中华民族的生存智慧和财富哲学，各行各业的人都能从国学中汲取养分来指导自己的行为思想。商业作为一种与社会各界人士都息息相关的行业，在运营过程中如果能够穿越历史的滚滚长河，融入国学的经典智慧，就能让祖先的伟大思想指引我们在商业领域中找到强盛百年的经营方略，让华夏文明的千年智慧有效地帮我们在企业经营过程中实现财富积累。

一代国学宗师南怀瑾先生正是看到了国学精粹对现代人生活的重要性，才在过去的几十年中不遗余力地向世人讲述国学传统文化的经典。上至政界高官，下至民间劳作大众，只要是真心喜爱国学的人士，南怀瑾先生总是不辞辛苦地耐心教导，其讲解内容涵盖了儒、佛、道及诸子百家，兼及医卜天文、拳术剑道、诗词曲赋等。在商业和经营管理上，他更是立足时代科学精神，以趣味的比喻和幽默的语言将古老的中华传统灌输给学者们，他用辛勤劳顿将中国国学文化推到了一个更加瑰丽闪亮的文化层面，开创了中国商人将商道与国学文化相结合的风气，造就了一批又一批诚实守信、心怀天下的儒商。

诸子百家之于商道

随着我们对国学的日渐了解和重视，国学的价值意义和思想精髓在现代企业的管理运用中发挥出越来越重要的作用，尤其是诸子百家的思想主张，从不同角度和层面给现代人带来了很大的指导作用。

以孔子、孟子为代表的儒家，能够教会我们做人之道："欲做生意先做人"，很多思想境界达到一定高度的成功商人皆遵守这一经商信条。儒家教育我们，做人要善良，要仁爱，勿以善小而不为，勿以恶小而为之。

只有善良的人才能将诚信作为经商之本，才能在尊重法律和消费者的前提下稳步经营。这看似简单的为人之道，其实就是至高无上的商界标准，是站在圣人的肩膀上向上眺望的优势所在。

以老子、庄子为代表的道家，能够教会我们处世之道：大其心，容天下之物；虚其心，受天下之善；平其心，论天下之事；潜其心，观天下之理。万事万物都有一定的生存轨迹，聪明的人应该学会谦虚谨慎，功成身退以保全自身，遇到困境要以超然的心态待之，不能太过心浮气躁，潜心静想，总能想到办法。企业经营者尤其要学会道家的宽容处世原则，正所谓“山锐则不高，水狭则不深”，不能容人的经营者很难团结下属，很容易失去人心，失人心者失天下，企业在这样的人手中怎么会取得长远的发展呢？

以韩非子、管仲为代表的法家，能够教会我们统驭之道：他们主张因时、因地、因人、因事、因境而创新求制，在寻求公平和宽容的基础上通过法律来治理国家。用到现代企业中，就是要我们学习制定和执行那些能够鼓励先进、激励士气、约束恶念、惩罚恶行的管理条例，实现公司的良好运营。

国学和现代企业经营管理

中国商学院联盟首席专家、知名学者乾泉教授认为：“在中国，做好企业，管理好企业，首先必须了解中国人的性格、思想、价值观与行为方式，了解他们的生活、理想和对生命的感悟，培育与他们的情感，得到他们的价值认同，那就成功了一半；一个不了解中华民族历史文化、不掌握这个民族生存智慧的人，在中国做企业或与中国企业打交道，很难成功。”同时他认为，研习先秦诸子百家所倡导的哲学思想，正是打开了解中国人性的通道。

笼统地说，科学地继承和发扬中国优秀的传统文化，学会从国学中汲取思想精粹和人文素养，再融合从西方传播过来的现代科学技术和管理思想，就能很好地帮助现代企业经营者根据中国的具体国情，开创出一条适合中国人自己的管理道路。这种因地制宜的科学管理方法，能够在很大程度上提升中国企业在国际上的核心竞争力，增加中国企业的生命周期，培育带有中国特色的优秀企业。从这层意义上来讲，学习国学文化知识，领会国学思想精髓，是每一个想要企业走上良性发展道路的经营者必须扛起的责任和历史使命。

时代发展到今天，越来越多的企业家认识到，在企业经营过程中注重企业文化在培养优秀人才方面可以达到事半功倍的效果，这比那些只知道做标准、做品牌、做服务、做产品的企业好管理得多。老子云“上善若水”、“大道自然”，中国的企业家和管理者什么时候认识到了企业的竞争力关键在于言行一致、道德统一、义利兼顾，就离成功不远了。因此，在商道上，关注国学，重塑企业文化，对于企业的发展和管理具有很深的现实意义。

·3·

金温铁路：一个文人的实业梦

1918年3月18日，南怀瑾先生出生在浙江温州乐清县的一个小村庄。他6岁上私塾，在那里接受了中国沿袭了上千年的传统教育，学的全是四书五经。年纪尚小的南怀瑾并不能深入理解四书五经里的内容，但在私塾先生的严格管教下，他将这些不知所云的内容全部背了下来，一直牢记在心。南怀瑾先生与国学的渊源就是从这个时候结下的，用他自己的话说就是，他现在这点墨水就是小时候打下的基础。

幼年的读书经历为南怀瑾先生打下了深厚的国学基础，在以后的人生当中，无论做什么事，他都能以文人的宽广胸怀来思考问题。13岁时，南怀瑾念完私塾，由于家里的经济条件不足以再供他上中学，于是接下来的3年他便开始了自修生涯，读书范围也更加广泛。像《史记》、《文选》、《纲鉴易知录》、《红楼梦》、《三国演义》等，只要是他能够找到的统统找出来看，而他的知识素养和看世界的眼光也因此有了很大的提高。

此后多年，南怀瑾先生从来不忘记学习，西子湖畔学武艺、向社会各界名士学习、为修正佛法闭关读书、远走康藏求道……经过多年的悉心钻研，他终于成了中国当代著名的文学家、佛学家、教育家、中国文化国学大师，并且历任台湾政治大学、台湾辅仁大学及中国文化大学教授。他的许多国学著作，如《论语别裁》、《孟子旁通》、《原本大学微言》、《易经杂说》等也为世人所熟知，并且被翻译成多国语言在世界各地传播。

南怀瑾先生是一个文人，他有文人的社会责任心，虽然不是要在修身、齐家之后治国平天下，但是他始终没有忘记文人的最高理想：为天地立心，为生民立命，为往圣继绝学，为万世开太平。他想回报社会，他想为祖国和人民做些事情。最终，在奉献精神的感召下，他做了一件惊天动地的大事，带头筑建金温铁路。

心怀梓里，筑就金温铁路

关于筑建金温铁路这件事，孙中山先生曾在《建国方略》中这样描述他的感受："温州在浙江省之南，瓯江之口，此港比之宁波，其腹地较广，周围地区皆为生产甚富者，如使铁路发展，必管有相当之地方贸易无疑。"然而，半个多世纪以来，由于受到历史因素的影响，铁路建设工程，只是一个不切实际的空想。

到了20世纪80年代，温州、丽水人大代表、政协委员的多次提议引起了浙江省委、省政府的高度重视。1988年春，家乡的领导去香港拜访南怀瑾，关于修建铁路的事，他们希望南怀瑾先生能够帮助筹资兴建。一向以天下苍生为己任的南怀瑾先生当然没有拒绝的理由，经过一番周密的考虑和认真的评估，他同意投资。尽管南怀瑾先生明白，投资铁路，从商人的角度来考虑，基本都是赔钱的事，甚至连他自己都说"只有傻瓜才会拿钱去修铁路”，然而，为了满足故乡人民出行便利的愿望，南怀瑾先生做了自己口中的傻瓜。

1991年9月，浙江省与香港联盈兴业有限公司合资建设金温铁路的报告通过国家计委审批；同年11月18日，浙江省金温铁道有限公司正式挂牌成立，南怀瑾先生作为公司董事长兼总经理出席开业典礼，浙江省政府领导对他所作出的贡献予以高度评价和赞扬，称他是“金温铁路的催生者”。1992年12月18日上午9点40分，金温铁路在一片隆隆声中正式破土动工。南怀瑾先生凭借惊人的爱国情怀，帮助金温铁路沿线人民拾起了半个世纪的梦想。

功成身退，让利国家人民

从1992年12月18日金温铁路动工，到1998年6月11日建成通车，整整五年半的时间，修建金温铁路的梦想终于尘埃落定，而南怀瑾先生却在通车前夕将铁路的股权转让给了浙江省和铁道部。

金温铁路北起金华东孝，南至温州龙湾，途径武义、永康、缙云、丽水、青田等市县，全长251公里，途经135座桥梁、930个涵洞和96个隧道，施工难度相当高。在南怀瑾先生及社会各界人士的齐心协力之下，这条钢铁巨龙终于诞生，实现了浙江人民数十年的迫切愿望，同时也在很大程度上促进了沿线经济的发展。然而，做好事不为名利的南怀瑾先生在此刻选择功成身退，还路于民，正应了他谈论人生功名时常说的“功成，名遂，身退，天之道”。

南怀瑾先生说：“如果仔细观察天道，日月经天，昼出夜没，夜出昼没，寒来暑往，秋去冬来，都是“功遂，身退”的正常现象。植物世界如草木花果，都是默默无闻完成了它们的生命任务，静悄悄地消逝，了无痕迹。动物世界生生不息，世代交替，谁又能不顺其自然地退出生命的行列呢？只有人类的心不肯死，不肯甘休，永远想在不可把捉中冀求把捉，在不可能永久占有中妄图占有。违背自然，何其可悲！”

这就是南怀瑾先生，一个懂天道、遵循自然规律的人，一个清心寡欲、不恋功名的人，一个心系祖国、拥有大智慧的人。

·4·

先修铁路，后修心路

南怀瑾先生是国人心中的领路人，不只是因为他接受了温州市委书记董朝才的邀请带头催生了造福百姓的金温铁路，更是因为他数十年如一日身体力行地向世人传道解惑，重新修整中国文化断层，推动儿童诵读经典运动，帮助人们提升道德文化修养和对人生的认知，可以说，他既是铁路的修建者，又是心路的修建者。

一条铁路，一条心路，一条有形的路，一条无形的路，南怀瑾先生以天下苍生为己任，心忧祖国的未来，为了能帮家乡人民做点事，他自答应带头修建金温铁路以来，投入了大量的时间和金钱。当这条从金华到温州的钢铁巨龙蜿蜒匍匐在家乡大地的时候，他的铁路算是竣工了，然而，另一条使中华民族自立自强、能够德厚流光通往希望的心路并没有那么好修。

南怀瑾先生说："今日的世界物质文明发达，从表面上来看是历史上最幸福的时代，但是人们为了生存的竞争而忙碌，为了战争的毁灭而惶恐，为了欲海的难填而烦恼，在精神上，也可以说是历史上最痛苦的时代。人是莫名其妙地生下来，无可奈何地活着，最后不知所以然地死掉。"这番话是对时代发展的肯定，也是对现代社会人们精神文化匮乏的警示，当今社会，物欲横流，相比较古人淡泊名利的心性，人们更喜欢纸醉金迷的生活，这是南怀瑾先生所担心的，也是他所痛心的，基于此，呼吁重修中国文化断层迫在眉睫。

在有关读书和工商文化的演讲中，南怀瑾先生曾经说过："中国未来的前途关系人类的前途，我常常感到，国家亡掉了不怕，还可以复国，要是国家的文化亡掉了，就永远不会翻身了。19世纪末20世纪初威胁人类最大的是肺病，20世纪威胁人类最大的是癌症，21世纪威胁人类最大的是精神病。现在是精神病开始的时代了，我发现很多年轻的孩子们精神都有问题了，归结起来是教育的问题，一个国家、社会的兴衰成败，重点在文化，在教育。"

管子云："一年之计，莫如树谷；十年之计，莫如树木；终身之计，莫如树人。一树一获者，谷也；一树十获者，木也；一树百获者，人也。"意思是说，一年的打算，没有什么比得上种植庄稼；十年的打算，没有什么比得上栽植树木；一生的打算，没有什么比得上培养选拔人才。一经培植收获一倍的，是庄稼；一经培植收获十倍的，是树木；一经培植收获百倍的，是人才。可见，对于一个国家和民族来说，只有做好人才的培育，才能得以接续、繁衍和传承，人类才能生生不息，文化才能源远流长。

然而，对比当下国内的教育模式，在多年应试教育的培育下，孩子们只学会了应试做题。在学校里，有人教他们学习外语的重要性，有人教他们探索大自然的奥秘，有人教他们怎样才能解出高深玄虚的数学题，却从来没有人特意教他们该怎样为人处事、接人待物，怎样面对失败和挫折，怎样看待富有和贫困。等到他们长大踏入社会，或许用不到当初学了多年的外语，用不到当初探索了良久的自然知识，用不到那些想破脑袋才想出的数学算法，但是他们一定会面对如何做人这个问题。社会总是以一个个鲜活的事例告诉人们，那些在道德和人品上有缺陷的人，很难春风得意太久。等他们一次次跌撞得头破血流，一次次被社会教训后，才明白做人的重要性，反过来重读经典，岂不舍近求远?

南怀瑾先生说：“‘亡德而富贵谓之不幸’，这句话最重要，人生没有建立自己的品德行为，而得了富贵，这是最不幸的。”高尚品德的塑造离不开国学文化的熏陶，正所谓“名利本为浮世重，古今能有几人抛”。南怀瑾先生说，“东西方、全人类所有的文化都是为了生命的作用而建立的”，人生在世，只有重视对文化的教育、对道德的培养，才能理解生命的真谛，以良好的心态来面对生活中的各种考验，为国家和民族造就顶天立地的人才。

南怀瑾先生把国家的希望寄托于儿童，寄托于未来，在他和其他国学爱好者的影响和感召下，一大批有志于弘扬中国传统文化的知识分子开始在全球范围内推广儿童读经运动，南怀瑾先生称之为“中国文化断层重整工作”。他说：“我提倡孩子们读经，是为了未来中国多出一些大思想家、大科学家、伟大的政治家。”

功夫不负有心人，南怀瑾先生多年的努力并没有白费，他的号召得到了国家各级领导和教育界的重视及支持。而他在修建心路的征程上也取得了不菲的成绩：轰轰烈烈的儿童读经运动在全球华人中推广开来，中国大陆直接参加读经的儿童就有100多万人，多地建立了国学文化培训班和国学教育学校，小、中、高及大学各个求学阶段也将国学教育提上日程。

“佛为心，道为骨，儒为表，大度看世界；技在手，能在身，思在脑，从容过生活”是南怀瑾先生的人生格言。听过南怀瑾先生讲课的人，无不被他机智幽默的语言和质朴纯真的思想所折服。在南怀瑾先生面前，北京师范大学教授、博士生导师、被大众认为是国学专家的于丹都自称晚生后学。南怀瑾先生是华夏民族灵魂的工程师，搭建了国人智慧的桥梁；他还是一盏明亮的灯，照亮了国人通往希望的心路。

·5·
灵魂导师：引领企业家追寻精神家园

在这个科学技术进步神速的年代，只有锲而不舍地追求创新，坚定心中的信念不放松，才能在竞争激烈的商场上占据一席之地，正如英特尔总裁葛洛夫所说的那样，只有偏执狂才能生存。遇到危机时，投资者可以变卖股票退出企业，劳动者可以辞职避难另谋高就，只有企业家不能放弃企业，只能凭借顽强的精神与企业共渡难关。

可以说，从企业诞生到消失，企业家们都像上了发条的手表一样紧绷着神经，一刻不停地寻觅着让企业强盛百年的良方。然而，我们都知道，一直踮着脚走路的人，因为重心不稳，不会撑得太久，面对不能放松的形势和日渐不支的体力精力，企业家们陷入了迷茫。这时候，一些寻求心灵寄托的企业家找到了拥有大智慧的南怀瑾先生，从他以国学文化为依据的引导教育中找到了寻觅已久的精神寄托。

“上下五千年，纵横十万里。经纶三大教，出入百家言。”这是南怀瑾先生一生才学与智慧的真实写照，6岁开始学习四书五经的他，涉猎知识之广，几乎涵盖了所有中国传统的经典文化，此后，学有所成的他又立志于重整中国断层文化，让全世界华人都认识到国学经典对人生的重要指导意义。他开堂授课，四处演讲，著书立说，接待社会各界需要指导和帮助的人，将古老的中国经典文化推到大众面前，队伍庞大且处在迷茫期的企业家们自然也是这些听众中最重要的一部分。

南怀瑾先生所作出的各项努力对社会发展及以企业家为主体的工商界人士的影响是巨大且深远的，在他的妙语连珠里，企业家们遇到的一个个烦恼和困惑，都被他在浩瀚国学中所汲取的营养驱散于无形。他用自己的方式向世人证明了，我们智慧过人的祖先早在千百年前就遇到过同样的问题，并且给出了很好的处理办法。

关于如何做一个合格的企业管理者，南怀瑾先生以古代帝王成败的鲜活事例告诉企业家们，要严于律己、宽以待人；关于如何处理企业中的日常事务，南怀瑾先生以古代善于用人最后取得非凡成绩的帝王故事告诉企业家们，要抓大放小，信任自己的下属，不做事无巨细的领导者；关于成功之后的企业家困惑于怎么对待自己拥有的巨额财富和地位，南怀瑾先生以古代儒商们对社会作出的贡献告诉企业家们，一个人一辈子，做一件对社会大众有贡献、对国家民族有贡献的事情，这才算是事业，真正的事业是举而措之天下之民，不是为了一己私利。这些都只是灵魂导师南怀瑾先生在引领企业家们追寻精神家园的时候，旁征博引、以理服人中的冰山一角。走近南怀瑾，拜读南怀瑾，能够让企业家们在心灵中找到更多更宽广的栖息地。

有时候，他会告诉企业家们，做企业顺势而为的重要性，他说，你们看《孙子兵法》十三篇，真正重要的是一个“势”字。意思是说，一个时代的潮流，一股社会力量，当这个力量来的时候，你跳不出去就会被埋没，就会沉下去。什么是势？《孙子兵法》解释“转圆石于千仞之山”，这么大的一块石头，在千仞高山上绕着大圈子旋转，下面的人都很恐惧，不晓得这块石头落在谁的头上。而当情势逆转，到这个石头掉到地上，小孩子可以在上面屙尿，看起来没有什么用了。所以用兵也好，做事业也好，“势”最重要，重点在把握“转”字。

有时候，他会告诉企业家们，做企业要有自己的风格，他说：“‘夫唯大雅，卓尔不群’，这是班固特别创造的两句话。只有真正有文化、有思想的人，才能独自站起来，不跟着社会风气走，自己建立一个独立的人格。”

南怀瑾的话矛盾吗？并不矛盾，什么时候该做出什么样的决定和选择，要看企业家们当时所处的环境。南怀瑾先生总能因势利导，顷刻之间，就能以中国传统文化与工商业之间的关系为依据，给出最正确的指引。

他告诉我们，如果要研究中国的经济、财经、政治、就要研究唐朝的刘晏。他告诉我们，读书要通，通就是由渊博，然后归纳起来变专才。他告诉我们，中国文化的伟大，包容一切宗教，集中了一切文化。他还告诉我们，没有做过银行，等于没有做过生意，想做生意赚钱，还要有失败经验。他的话质朴而真诚，每一句都能给我们点燃一处心火，照亮一片心田。

南怀瑾先生以《礼记·曲礼》中的话“敖不可长，欲不可从，志不可满，乐不可极”警醒人们，物质文明发展得越高，人类的欲望也会跟着提高、混乱。物质文明的发展给人们带来了很多便利，但是没有给人们带来幸福，反而带来了痛苦。所以现代的企业家们在疯狂追逐物资文明的同时，也要注重精神文明的提高，二者共同发展，才能明白做企业的意义所在。

·6·
以文化为桥梁，中西文化自成一家

随着世界经济的发展和一体化经济的不断加强，每个人和企业都不可避免地与世界上其他不同文化背景的人和企业发生碰撞，尤其是一些注重国际交流的学校和一些国际性大企业更是如此。因此，从校园教育到企业管理，中西文化之间的交融似乎成了不可逆转的时代潮流。

在这股潮流没有成为既定事实之前，关于中西文化的合璧，我们还在重重矛盾与困惑中摸索前行。如何将这些与自己不同的价值观和行为规范纳入到自己的思维习惯和行为习惯中？如何在应试教育的制度下让西方的实践教育引入课堂？如何在接受西方文化的同时保持自身本土文化的优势和特色？如何更有效地汲取西方文明的精华，使自己的企业在竞争激励的商场上卓尔不群？在中西文化融合的征途上，这些矛盾会以各种各样的形式提醒我们，无论是企业家还是学者，在面对中西文化的差异时都需要注意及时转换角色和重塑观念。

南怀瑾先生曾说："我常常想做一个研究，恐怕一百多年来没有人做过的，就是以一个世纪为标准，倒推回去，譬如推到老子、孔子、释迦牟尼、苏格拉底那个时代的一百年，当时西方出现什么人、什么思想，东方出现什么人、什么思想，就会发现，东西方的情况几乎是相同的。所以古人有句话，'东方有圣人，西方有圣人，此心同，此理同'，道理都是一样。"可见，在对待中西方文化的态度上，南怀瑾先生还是比较开明的，他在肯定中方文化的同时，也认同了西方文明，在他看来，以孔孟之道为核心的"中体"不能丢，以实践和先进科技为代表的"西学"也不能少。

中式教育和西式教育

在多年对传统应试教育的声讨中，我们幻想着西式教育能够解救当前教育体制下逐渐沦为“应试奴”的学生们，然而，在高校以分数为单一选拔标准的体制下，这种幻想始终停留在幻想阶段。

百年教育误入歧途，一批批“高分低能”、“会考试，不会生活”、“分数高，素质低”的“教育成果”流入社会，并不能为社会发展作出什么贡献，相应的“啃老”、“招摇撞骗”、“游手好闲”、“不务正业”等乱象频生，这样的教育，难道不该引起人们反思吗？正如南怀瑾先生在谈论教育问题时所说的那样：“推翻满清之后，所谓最好的学校，你们知道北大、清华第一名的同学有几位啊？他们作出了什么事业？”

也有一些偏执于西方教育的开明家庭，只注重培养孩子的动手能力，认为“学好数理化，走遍天下都不怕”，最终却培养出很多只懂竞争，没有人情味，甚至道德修养缺失的人。南怀瑾先生曾提醒：现代人唯西方科技马首是瞻，不注重人格培养，乱不成器。

很明显，西式教育培养出来的“冷血精英”和中式教育培养出来的“考试机器”都不是理想的社会型人才，只有将中西方的教育优势融合到一起，才能培养出真正有用于社会和人类发展的人才。对此，南怀瑾先生给出了一条明确的路径：快乐教育。学中国经典，也学西方经典，学书本知识，也学做饭、习武和野营，希望能够培养出德才兼备、身心健康的人才。

中式企业管理和西式企业管理

不同的教育背景和文化背景培养出来的人才走向社会流入企业之后，自然会生成不同的企业管理和交流模式。中国著名学者周谷城先生说：“所谓文化，无论是中国的或是世界的，东方的或西方的，都只能是一个概括的、复杂的统一体，绝不是铁板一块，针插不进、水泼不进的东西。”正因为如此，在这个经济交流日益频繁的时代背景下，中西方企业管理模式之间的取长补短也是与时俱进的选择。

在西方欧美企业的管理模式中，人与人之间是淡漠的，错了就是错了，对了就是对了，他们更看重结果和效率，有本事有能力尽管来，没本事没能力靠边站，他们推崇独立，强调个性，不讲情面，铁面无私。这样的企业管理模式在提高企业科技竞争力方面确实有着无可比拟的优势，然而，企业中的员工也是社会中的人，在这种冷漠环境的熏陶下，对社会的整体发展并不十分有利。在中国企业内部，人与人之间是有温情的，新来一个员工，企业会给他锻炼的机会、出错的机会和成长的机会，企业不仅讲“道理”还讲“情面”，中国传统教育中的宽怀包容时不时地会被企业管理者带到工作中去。然而，这种“情理”交融的管理模式固然很好，但是却在很大程度上增加了公司的用人成本，如果遇到那种自制力差的员工，企业经营者的包容就变成了他们纵容自己不思进取的理由。因此，需要将中式管理的人性化与西方管理的效率化相结合，这样才能有效加快企业的发展。

中西方企业在沟通方面也存在很大差异，众所周知，中国人比较含蓄，表达一个观点时常常婉转曲折，沟通的最终结果完全取决于信息接受者的理解能力。而西方人的沟通一般比较简洁明了，他们认为信息的发送者有义务向接受者传送正确的信息，这样就免不了表达过于直白，伤人情面。而若将这两种沟通模式结合在一起，既注重委婉，又注重表达效果，那么沟通的效果就会上升一个层面。

古往今来，中西文化的融合都是在承认中西文化差异的前提下进行的，并且中西文化之间仅仅是差异问题，并非孰优孰劣的问题。俗话说“他山之石，可以攻玉”，把自己局限在一个角落里比优劣的人最终只能被时代淘汰，而那些能够敏锐地发现西方文化优势所在并且应用到自身发展中的人才是最终的赢家，我们应当以文化为桥梁，扬长避短，将中西文化有机地加以融合。

·7·

新时代的商业坐标：亦文亦商亦从容

“佛为心，道为骨，儒为表，大度看世界；技在手，能在身，思在脑，从容过生活”，这句话是南怀瑾先生常挂在嘴边的人生格言，尽管他总是很谦虚地评价自己“一无所成，一无是处”，然而在世人看来，他却是一位学贯中西、博古通今的国学大师。他说自己只是一个年纪大、顽固的、喜欢中国文化的老头子，可是，就是这个喜欢，一不小心成就了一位中国新时代的商业坐标。

做文人，他超凡脱尘，在享受内心安宁静谧的同时不忘普度众人；他倡导重拾中国文化断层，极力推行中国传统文化教育，提醒世人在庸碌繁忙之时不要忘记保持最初的善良和纯真。他教会我们，得意时要淡然面对，失意时要泰然处之，很多时候，他的话、他的课、他的书都像是闪闪发光的镜子，让我们在熙攘的世界中保持心灵的清澈。

做商人，他亦不食人间烟火，当大多数商人都为了一点利益争执不下的时候，他却花费多年的精力和金钱投资建设金温铁路，不为盈利，只为了却自己内心“为人民、为国家为做点事”的心愿。因为此心，他著书不为赚钱，讲课可以不收学费，所有向他讨教的人无论贫富贵贱都会被他平等对待。

他的善言善行常常为他带来很高的荣誉，然而，这些名誉并不能成为约束他心灵的附属品，无论面对什么，他总是那么地潇洒从容。

有人说他“身无分文，富可敌国；手无金印，权倾天下”，这不正是应了他往日里的教诲——人应该储存的是福报，有福报，走到哪里都有的吃，做什么行业都能赚钱吗？只是到这里变成了积累福报，做什么事都能成功而已。

不求扬名却名扬四海

南怀瑾先生自6岁开始学习四书五经以来，就和中国传统文化结下了不解之缘。此后多年，他不断学习，提高自身修养，诸子百家、佛学、武术、历史典故等但凡有机会得到的书，他总是迫不及待地阅读、汲取其中的养分。杭州西湖边、西藏高原上、峨眉山大坪寺、成都军校里，到处都有他潜心学习的影子。

1943年，南怀瑾先生有缘结识在成都设立维摩精舍的袁焕仙，因热爱修道参禅并且颇有慧根而被袁焕仙收为上首弟子，自此，他不惜辞去中央军校教官职位追随袁焕仙左右。后来，为求深研佛法，他又独自悄然离开成都，来到峨眉山大坪寺闭关修行3年。

1945年，不满足于已有知识的南怀瑾再次动身，跑去神秘古老的西藏，参访各派宗教。多年来，他就这样以谨慎修行的心态到处寻贤拜能，综合总结各家言论，逐渐将中国文化思想融会贯通，形成自己独到的见解。

接触到这么多文化知识，南怀瑾先生最难能可贵的地方在于他始终抱有自己的立场和主见，正如台湾曾子南文化基金会董事长曾王君所说的那样："南先生没有被任何一种知识，或者是一种文化所束缚。他写了那么多传统文化的书，但在他身上我们却看不到传统文化的后遗症，不做作。"

学究天人的南怀瑾先生始终不忘"为人民服务"的初心，他将自己毕生所学的经典毫无保留地传授给世人，上课、著书、耐心解答拜访者的提问、演讲等，看到中国现代教育存在的弊端之后，他扛起了重整中国文化断层的重任，提倡国人学习传统文化，配合台湾当局发起中华文化复兴运动，在中国发起少年儿童读经典运动等。福报所至，盛名自来，向来低调的南怀瑾先生在一次次学习及传道授业中成了名扬四海的国学大师。

不求致富却富可敌国

南怀瑾先生早年有过几次经商经历，基本都以失败告终。1942年，初到台湾的南怀瑾在结识了妻子杨向薇之后，迫于生存的压力，和温州来的老乡一起做起了船运生意，用凑来的3条船开了一个船运公司，取名“义礼行”。后来，国民党从舟山撤退，占用了义礼行公司的船，南怀瑾先生一夜之间血本无归，这次失败给他的生活带来了很大影响，以至于在孩子出生之后，一家人还不得不寄居在不蔽风雨的破屋子里。

后来，他出版的几本书《禅海蠡测》、《楞严大义今释》、《楞伽大义今释》也乏人问津，解决生计问题依然是南怀瑾先生所面临的最重要问题。

以上种种似乎在告诉我们，富可敌国的说法似乎无从谈起。甚至后来耗资巨大的金温铁路对南怀瑾先生来说也是一个不赚钱的项目，因为在铁路通车之时他就功成身退，还路于民了。所以，从投资角度来说，他还是失败的。

那么，人们为什么说他富可敌国呢？其实，说南怀瑾先生富可敌国并不是指他自身家财万贯，而是指那些能够为他所支配用来“奉献社会、服务人民”的财富很多。在修建铁路之前，面对1.7亿美元的巨款，南怀瑾先生以超常的理智表现出了一个优秀企业家整合社会资源的能力。他的具体做法是，先借钱修路，然后通过还路于民，募集资金还债，在此过程中，他还效仿浙赣铁路的修建方式，发行公债，把铁路卖给沿途的百姓。

然而，由于沿途的地质条件差，地形复杂，施工难度比想象中还要大，修路的资金也比预算高出近两倍，这样一来，资金的缺口更大了。然而，这些困难在南怀瑾先生独特的资本运作方式和高超的矛盾调控水平下竟然被逐一解决了。直到最后建成通车，我们才意识到，一个看似不可完成的任务被他完成了。有人问南怀瑾先生：“您仅是一介文人学者，如何能拿出数亿的资金来修建金温铁路？”南怀瑾先生笑着回答：“我之所以能拿出钱来修铁路，因为我是在台湾的温州人，有温州人与生俱来的商品经济意识。”

另外，南怀瑾从教多年，弟子遍天下。这些弟子中，不乏成功的企业家，在南怀瑾先生多年身体力行的感召下，很多弟子都已经将自己的事业定位为“举而措之天下之民”，所以南怀瑾先生才可以在百姓和有社会责任心的企业家之间牵线搭桥，服务于民。南怀瑾先生口中最言听计从的弟子之一、海航董事长陈峰的话就是最好的证明，他说：“在学习中国传统文化的过程中，从国学大师南怀瑾先生的教诲中，我在逐步征服自我，为社会、为众生多做点事。”

在生活中、在商场上、在文学里，他总能从容面对一切，说他是国学大师、商界精英、新时代坐标，说他富可敌国、权倾天下，一点都不为过。

Part 9

云深不知处，一代大师未远行

——商界精英谈南怀瑾

尽管南怀瑾先生以“一无所成，一无是处”评价自己的一生，然而，学界却以“上下五千年，纵横十万里，经纶三大教，出入百家言”对他的学问和事迹做了真实的总结。2012年9月29日，南怀瑾先生仙逝，很多人悲痛欲绝，肝肠寸断。然而，他的精神还在，他对国人的影响还在，他倾尽毕生力气所建的那条以国学经典为基础，以高尚的爱国情怀、大无畏的奉献精神为材质的心路已然成形。

·1·

彼得·圣吉："世界管理大师"参悟中国道

彼得·圣吉1947年出生在美国的芝加哥，是世界著名的管理大师、美国麻省理工学院斯隆管理学院资深教授、国际组织学习协会创始人。在麻省理工学院读研究生期间，他对管理产生了浓厚兴趣，并从导师的深奥理论和模拟演练游戏中，发现了在企业内部全体员工全心投入并善于学习对提高企业整体竞争力的重要作用，进而创建了影响世界的"学习型组织"理论。此后，他出版了《第五项修炼——学习型组织的艺术与实践》一书，该书被《哈佛商业评论》评为过去75年中影响最深远的管理书籍之一，他本人也被《美国商业周刊》评为当代最杰出的新管理大师之一，被《经营战略》评为20世纪对商业战略影响最大的24位伟大人物之一。

彼得·圣吉与中国的渊源除了在于他曾多次访问中国并参加论坛和演讲之外，还在于他和国学大师南怀瑾先生为人所津津乐道的师徒关系。早在1997年，彼得·圣吉就开始接触中国的儒、道、佛思想，并且多次拜访南怀瑾先生，向其学习思想深邃、充满大智慧、发人深思的中国传统文化。通过对生命科学、认知科学更深入的探讨，他将对管理的理解推向了一个更高的境界。

据彼得·圣吉说，他和南怀瑾先生于1995年在香港通过朋友介绍相识，

1997年他参加了南怀瑾先生的静思活动。他坦诚，那次静思活动是一场十分特殊的活动，因为自己的文化背景与中国人不一样，所以南怀瑾先生特意为他增加了翻译环节，那也是南怀瑾先生第一次通过翻译展开静思。后来有人不理解，问南怀瑾先生为什么要专门为彼得·圣吉增加翻译环节，南怀瑾先生却给出了一句让大家瞠目结舌的回答，他说“因为我上辈子欠他的”。

这一句玩笑话不仅展现了南怀瑾先生的睿智和幽默，也显示出他宽大慈悲的心态。从此，彼得·圣吉与南怀瑾先生建立起了深厚的师徒情谊，一次次颇有深度的跨文化对谈也由此拉开了序幕。

彼得·圣吉是世界最著名的管理大师之一，他的影响力和名声在很大程度上都超过了南怀瑾先生，但他从不因自己取得的成就而骄傲，而是一直谦虚恭敬地向南怀瑾先生学习，甘当他的学生。对此，中国很多能够采访到彼得·圣吉的记者曾经发出过疑问，彼得·圣吉给出的答案是：“1997年6月我和南先生展开了第一次深度交流，开始认识他的很多学生。他的学生是非常多元化的，来自社会各界，他们都是真正的实践者。我欣赏南先生的原因，在于南先生对中国儒释道文化研究非常深厚，对这个世界的事情了解很深。我与南先生谈话的奇妙之处在于，我们所交流的不同话题是随意流动的，在这个过程中，我们既能和深刻的传统思想，又能和当下的一切联系得非常紧密。其实我和他的交往最重要的原因就在于，南先生对于人类发展与成长的深度关注和思考与当下世界是紧密联系的。”

从这段话中，我们不仅读出了彼得·圣吉对南怀瑾先生的钦佩和尊重，也读出了他们二人在对人类命运的深度关怀和对当下世界关注上的高度一致。所谓“英雄所见略同”大抵如此，这两位来自不同种族与文化、所属不同行业的人在此处碰撞出了智慧的火花。

南怀瑾先生告诉彼得·圣吉："要想成为一个领导人，你首先要是一个人。"从南怀瑾先生这里，彼得·圣吉抛却过去对纯粹企业组织管理技能方法的钻研，开始反省管理与教化自己的实践之间的关系，他说："如果说我从南老师那里得到了什么，在管理上得到了什么，那就是如果你想成为一个企业的领导，你就要完全地、彻底地、毫不犹豫地关注你作为一个人的成长。要做到这一点，你必须把你的修炼和每天的工作紧密联系在一起，做管理这件事就是教化自己的实践。当你是一个老师或者其他管理人员的时候，你对别人的生活有着巨大的影响。你意识到这一点了吗？大多数人没有意识到。大家都把注意力放在做事上，放在新产品上，放在需要教的课程上，忘记了实际上他们是在跟人打交道，尤其是他们忘记了如果从人性的角度出发去做这件事，可以产生非常积极和良好的影响。"

在与南怀瑾先生的深入接触中，彼得·圣吉逐渐领会到儒释道精神的核心，即：我们的文化如何能够为全世界作出贡献，如何能够让全世界人都有更好的生活，而不只是像现代社会一样只局限于思考怎么让自己生活得更好，怎么让自己的国家成为经济和政治上的大国。

通过南怀瑾先生的教诲，彼得·圣吉由衷地认识到，我们应该共同关注的是人的发展、人的成长和人的净化，再有就是我们当代的世界、人的意识与物理世界的融合、人的心与世界的重新融合。至此，我们暂且不去谈论彼得·圣吉跟随南怀瑾先生多年具体学到了哪些理论，仅凭这几句话我们就可以看到，他已经真正领会到了南怀瑾先生传道授业的精神。

2012年9月29日下午4时，南怀瑾先生在苏州逝世，享年95岁。为了悼念先生，彼得·圣吉专程来到中国，表示要继续南怀瑾先生未竟的事业，南怀瑾先生的外国弟子，这个世界管理大师与中国的道法之缘还在继续……

·2·

尹衍梁：因为老师，所以光华

南怀瑾先生胸有丘壑、针砭时弊，对当前社会存在的一些弊端总能一针见血地给出自己独到的见解，他依古鉴今，提醒人们当今教育的一些流毒和经商的真正意义。他说："现在的教育变成了商业行为，校长、老师是出卖知识；学生交了学费，爱听不听，一篇论文一交了事。女同志们受了教育以后，既不能做贤妻，又不能为良母，连做饭洗衣都不会。这个以后怎么办？我常告诉人，今后的社会没有家庭制度，没有夫妻生活。受了教育以后，除了向'钱'看，领高薪去享受以外，不愿回到自己的家乡，为家庭有所贡献了。"

他说："'经济'二字，在中文里头非常大，是大政治学，所谓'经纶天下，济世救人'，这才是经济。究竟应该藏富于民还是藏富于国？这就是经济政治的大问题了。"

他还说："世界政治学的大目标，用十二个字就讲完了，就是：'风调雨顺，国泰民安，安居乐业。'"

南怀瑾先生的这些话，对当下中国心怀公众的企业家产生了很深的影响，台湾润泰集团总裁兼建筑事业体总工程师尹衍梁就是其中一个，自从经朋友介绍认识了一代宗师南怀瑾先生后，南怀瑾先生就成了他此后生命中的灵魂导师。

尹衍梁1950年8月16日出生于中国台北，父亲尹书田是台湾著名的企业家。据尹衍梁回忆，父亲对他的教育分为两个阶段，第一阶段是少年时期以棍棒殴打为主要手段的。那时父亲为了让他出人头地，选择了家族传统教育方式——打！无论大错小错，能打绝不用骂的。然而，这样的教育并没有对处在叛逆期的尹衍梁悔误人生产生多大的帮助，相反，还让他产生了强烈的反叛心理，一天到晚打架，不好好学习，成了典型的小太保，无奈被送进了感化院。第二阶段就是成年时期以眼泪为主要催化武器。见打骂教育不奏效，父亲改走亲情教育，当得知进了感化院的尹衍梁依然不学好的时候，父亲流着眼泪对他说："我不是不爱你，而是希望你能有一个好的未来。"知道父亲深爱自己只是教育方式不对的尹衍梁从此不再打架，好好读书，一下从全校最后一名考到了全校第一，之后考上了台湾大学商学院研究生，再后来又获得了国立政治大学企业管理博士学位。尹衍梁经历了从一个不学无术的纨绔子弟到一个博学多才的社会精英的蜕变。

结识恩师南怀瑾先生之后，尹衍梁又从一个优秀的商界精英转变成为一个博施济众的慈善家，他此次转变是觉悟的转变，更是灵魂的提升。

南怀瑾先生一生致力于服务人民、造福社会，为此，他在抗日战争爆发后投笔从戎，执教于偏远地区；又在南渡台湾之后广施钱粮，收留难民；还在生活稳定之际支持国家建设，重修文化断层。对恩师的大义布施善行耳濡目染的尹衍梁深受震撼，钦佩之余也默默地立志与老师一起完成这些愿望。因此，在修建金温铁路及提升全民教育素质这些事上，尹衍梁都有参与。

1989年，尹衍梁第一次回山东老家，在恩师南怀瑾先生的鼓励和支持下设立光华教育基金会，其中的“光华奖学金”用来鼓励内地高校的优秀人才，该奖学金原本只打算对清华、北大及内蒙古大学的优秀学生发放，后来扩展至30多所内地高校。奖项普及面之广，是在内地绝无仅有的。

1994年，尹衍梁捐赠1000万美元兴建北京大学光华管理学院，学院依托北京大学深厚的历史底蕴和文化积淀，成为北大工商管理教育的主体，尹衍梁本人出任光华管理学院董事长一职，多年来为社会培养出很多德行兼备的商界优秀人才。而该学院取名“光华”的本意也是旨在光大中华，可见，在南怀瑾先生的影响下，尹衍梁投资兴建光华管理学院也并不是为了谋利，而是胸怀大义，站在了更高的角度、更高的境界，希望以商业为辅助来振兴中华，正如南怀瑾先生所要求的那样，经济是为了“经纶天下，济世救人”。

南怀瑾先生去世后，尹衍梁悲痛万分，就恩师一生的修为，他作出了简短的评价。“老师笔耕不辍、著述颇丰，还经常给弟子开示，对弟子的一言一行都言传身教、以身作则。到太湖学堂之后老师已经是90高龄的老人，但他仍然公开授课达50多次，让数千中外学子有机会当面聆听精彩纷呈的演讲。演讲内容涉及中国传统文化与认知科学、生命科学等，令人敬佩折服，这就是老师给人的力量。”此外，他还表示，自己的捐助行为就是在恩师的鼓励和影响下作出的正确选择，虽然恩师走了，但是他会在恩师的人格魅力和远见学识的影响下将恩师的精神传承发扬光大。

·3·
陈峰："出""入"之间铭记师训

提起南怀瑾先生的学生，就不得不提到海航集团董事局主席、海航的主要开创者陈峰，那个南怀瑾先生口中对他言听计从的弟子。南怀瑾先生是对中国企业文化影响深远的国学大师，他将中国传统文化注入企业文化中的做法影响了很多迷茫期的企业家，陈峰如此敬重和推崇南怀瑾先生，除了为先生的人格魅力所倾倒外，还在于他本人对中国传统文化的热爱，正是这个基点让两人走到了一起，成为一对亲密的师徒。

陈峰用1000万人民币的原始资金，经过十几年的艰苦奋斗，打造了一个拥有资金3400亿元、航线500多条的航空公司，并且在此基础上发展起来一个包括海南航空、新华航空、美兰机场、长安航空、酒店集团在内的大型企业集团——海航集团，资本实现了3.4万倍的扩张，可以称得上是一个奇迹。当时下众人都在称赞陈峰的经营管理能力时，陈峰却以南怀瑾先生的学生自居，将这份功劳与老师南怀瑾的教诲画上了等号。

他说："一个企业，一个长久不衰的卓越企业，一定有深厚的文化底蕴，特别是百年老店。因此，作为中国本土生长的企业，一定有根植于这个民族历史中的传统文化。在这个大背景下，海航在构建自己的企业文化时，必然要寻找中国文化的根基。而南怀瑾先生是中国文化的大家，我认为他是中国传统文化在近百年来一个划时代的代表。”所以，他按照南怀瑾先生提议的法则来管理公司，在公司内部提倡“天佑善人、天自我立、自我主宰”，提倡“真、善、美和大爱无疆”。可以看出，他的处世哲学处处透露着禅意。

陈峰将企业文化定为新员工入职必须学习的第一堂课，要求员工熟记那本由南怀瑾先生的《论语别裁》改编的《中国传统文化导读》，以及南怀瑾先生参与制定的海航“同仁共勉十条”，他认为这种以中国传统文化为主要框架的企业文化才是真正的商道精神，计利当计天下之大利才是海航真正发展的动力所在。陈峰要求员工把海航当作人生的舞台，养家糊口之外，要想着借助这个平台服务社会，造福社会，谋求观念上的转变。

陈峰在接受记者采访时曾经郑重地总结了他从老师南怀瑾身上学到的智慧。首先，他认识到，在物质文明和科技文明高度发达而精神文明却极度匮乏的情况下，中国民族文化对找回自身精神文明具有重要作用，他说：“我认为今天真正有知识、有智慧、称得上中国知识分子的人，应该把心放下来，在中国文化和人类的文化当中剔除糟粕，吸取人类一切的优秀文化，来打造自己的民族文化精神。今天是一个重塑人类优秀文化的时代，中国人肩负着历史的责任。”

其次，他看到了包容在企业发展过程中的重要性。他说：“中国文化讲修身，没有修身，何以齐国、何以齐家？没有修身，大家庭就没法团结，没有团结就没有和睦，就没有兴盛，所以我们海航员工“同仁共勉十条”里面，第一句话叫团体和睦为兴盛，兴盛的事业不是你董事长的本事多大，而是和睦，主要领导者要修炼自身，要有包容的态度。包容就要修炼自己，克服自己，把自己的‘我’放下，给大家创造一个空间，使别人活得好，替他高兴，事业才能兴旺，这是修养问题。”

再次，破除有神论和封建迷信，简单地回归到对生命和心灵的认知上。陈峰从南怀瑾先生身上学到了佛法精神，他强调自己并非佛教弟子，只是喜欢研究包括佛法在内的中国文化。他说：“人的生命中分为六道，上三道天道、阿修罗道、人道，下三道畜生道、饿鬼道、地狱道。业力不同，果报就不同。只有人道可以有苦乐兼伴，可能寻得解脱。”也正是得益于对佛法精髓的领悟，他才能达到以“入世”之身行“出世”之事的境界。

此外，陈峰还从南怀瑾先生那里学到了很多为人处事、做领导的道理，在他看来，南怀瑾先生就是他和海航的精神教父。而悉听南怀瑾先生的教诲已经成了陈峰生命中最重要的事情之一，他在收购了美兰机场后，依然坚持每周坐着他的豪客800飞到香港去听南怀瑾先生的教诲。

在陈峰眼中，南怀瑾先生虽然是儒、释、道三家的集大成者，但是他不搞宗教、不设门槛、没有门第观念、不搞学派，只是纯粹地想要弘扬传统文化，想把中国文化的精髓用非常浅显的语言揭示出来，使“深者不觉其浅，浅者不觉其深”。

对于南怀瑾先生的仙逝，陈峰看得很开，他依据佛法的精神，强调南怀瑾先生一生为人类留下了宝贵的精神遗产。他说：“按照宇宙的规律，从佛法的观点，成、住、坏、空无人可免，只要是物质世界、有形世界一定有这样的规律，不过长短而已。当然中国道家有一种长生不老术，但是从本质来看，宇宙有形世界都存在这个规律，生生灭灭，灭灭生生，生生不息，这是一个规律。所以南先生不例外，连释迦牟尼都不例外。我想，一个人的逝去是自然规律，死去的是他的生理形态，但是他留给这个世间的、永存的是精神。南怀瑾先生留给世间太多宝贵财富了，世人称之为‘南学’。我认为它对今天的中华民族伟大复兴和重塑中华民族伟大的文化，都会起到积极的作用。另外，对今天中国对世界的贡献也有积极的作用。一个大国仅靠物质、经济的贡献，还不能称其为大国，还要讲文化。我认为中国传统文化将是给人类带来新的文明的东西。”

·4·

李慈雄：赚取人心，南师领我上商道

李慈雄是南怀瑾先生的长随弟子，也是他的得意门生之一，提起李慈雄，他口中多是赞美之词：“在今天这个人情淡泊、世风日下、传统文化命悬一丝的时代，像李慈雄这样的商人已经越来越少了。”如此高的评价出自南怀瑾先生之口，可以想象李慈雄在经商方面所贯彻执行的赢取人心理念与南怀瑾先生一贯主张的“经纶天下，济世救人”经营原则多么地吻合。

李慈雄和南怀瑾先生的结缘不同于旁人，这其中发生过一个有趣的小故事。当年还在台湾大学机电系读大二的李慈雄逐渐对中国传统文学产生了浓厚的兴趣，一天，他到南怀瑾先生那里拜师求教，希望南怀瑾先生能够帮助他解开那些用现代物理学无法解释的他对宇宙源起的困惑。南怀瑾先生先是看了看他，接着说：“你到我这里听课要交费的。”李慈雄面露难色，说："我父亲是一般的公务员，照顾我们三兄妹念书已感吃力，没有能力再来支付额外的学费。"南怀瑾先生笑着说："那你可以在我这里打工啊。"李慈雄听了感觉有戏，立即来了精神，忙问："打什么工呢？"南怀瑾先生说："扫厕所、扫地、端茶倒水、洗杯子。"李慈雄赶忙答应下来，并且当天就留下来干起了这些事情。

据李慈雄回忆，为了磨炼自己的性格，南怀瑾先生对他要求十分严格，当他刷完杯子之后老师会拿到太阳底下仔细看，如果发现有不干净的地方会让他重新洗，还会趴在马桶边上看里面有没有刷干净。甚至在他给客人倒茶不小心洒了的时候，老师还会当着客人的面毫不留情地说："看，这就是台大电机系的学生，茶都不会倒。"老师的这种做法时常让他下不了台面。然而，南怀瑾先生当初的有意磨难，如今想来却是让旁人都很羡慕的趣事。也因此，二人建立了深厚的师徒感情，此后，李慈雄生命中每一次重大抉择基本上都参考了老师南怀瑾的意见。

在南怀瑾先生家打工几个月的李慈雄，终于有机会跟随老师领略中国传统文化的精妙所在，然而，想探索宇宙奥秘的李慈雄却对老师所教的第一堂课《史记》之《货殖列传》并不感兴趣，只是在老师的要求下，硬着头皮学完了这节课。令李慈雄本人和众人都感到不可思议的是，毕业后的李慈雄真的在企业里做事，并且33岁时创办了斯米克集团，做起了生意，还做得风生水起，我们不得不感叹，或许冥冥之中早有安排吧。

在老师那里，李慈雄学到了很多知识，做人、做事、经商、念佛。在南怀瑾先生的点拨下，李慈雄变得更加稳重和踏实，能够有条不紊地安排自己的生活和学习。再经过深入接触，南怀瑾先生又将李慈雄领入了一个更深的文化探索层面，他将两个历史命题留给李慈雄感悟，其一是如何整合儒释道和科学、宗教、哲学，使人类摆脱唯心与唯物的迷惑，从而开拓出人类当走的大道。其二是如何开拓出人类新的社会及经济发展模式，从而使人类身心能够真正地平安健康，而不是靠贪婪、消耗、掠夺、麻痹来追求所谓的经济发展。自此，经过这两大命题洗礼的李慈雄在人生中形成了思维定式。

1980年，在南怀瑾先生的鼓励下，李慈雄到美国斯坦福大学攻读了总体工程经济系统的博士，抱着对比中西方经济差异的单纯动机，李慈雄完成了学业。

1987年，南怀瑾先生与李慈雄联系，表露了希望他回国发展的想法，希望他能为中华民族做点事，并且告诉他："世界上最厉害、最有效的东西就是诚实、信用，你去大陆就把这个文化理念带回去。"于是，次年，李慈雄就放弃在美国优裕的生活，放弃高薪，卖掉别墅，带着妻儿在上海白手起家。

1989年，在南怀瑾先生的支持下，李慈雄创办了斯米克有限公司，主要业务是与国有企业合资。1990年5月，李慈雄开始其他企业投资，业务范围扩展至建筑陶瓷、电子电器产品、消费品、生活用纸等众多行业。

1993年，在南怀瑾先生的一再提醒下，李慈雄回绝了准合伙人抛来的橄榄枝，独自成立了上海斯米克建筑陶瓷有限公司并担任董事长，当时南怀瑾先生说："靠与别人合资，一旦蜜月期过后会有问题，应走独资靠自己的路子，才是长期之计。"正因为听了南怀瑾先生的话，才有了后来蓬勃发展的斯米克。

李慈雄说："我最听老师的话，老师叫我辞去世界银行的工作，我就辞，老师叫我到上海建厂，我就到上海，我是第一个到上海投资的台商。

老师叫我恢复洞山寺，我就恢复。”因为李慈雄知道，老师是有着长久生活阅历和大智慧的人，听老师的话能少走弯路。

因为听从老师的话，李慈雄走上了商道，他诚信经营，培养胆识和器量，注重长远的发展和稳定的合作关系，善于选拔人才，懂得赢取人心，终于取得了今天拥有投资类企业7家、掌控生产销售类企业15家，总投资规模高达24亿的骄人成绩。

·5·

潘建国：南师点心灯，助我建“天宫”

秉承南怀瑾先生“集约资源、道法自然”的规划设计理念，在浙江绍兴会稽山这片净土上，一向痴迷于佛教文化的潘建国居士在此参与兴建了兜率天宫和会稽山龙华寺。他们匠心独运，在原来山势的基础上，充分考虑空间的合理布局，将只有110亩的建设用地打造成了一个每年可以接待300万人次的大型佛家文化旅游景区。

兜率天宫与龙华寺隔“香水海”相望，坐落在会稽山西北第一高峰包林峰峰顶上，海拔321米，宽99米，长160米，高81米，建筑面积6万平方米，是绍兴乃至全国都难得一见的地标性建筑。

在佛教中，“兜率天”亦是欢喜天、喜足天的意思，是宇宙观的欲界第四层天，象征着“快乐与和谐”。这片净土，是历代高僧及修行之人都向往的人间仙境。

兜率天宫主要由紫金莲花、观景平台、善法堂及七重宝垣四部分组成。在天宫顶部，那高耸入云处，还镶嵌着堪称奇景的巨型莲花。莲花共48瓣，直径56.7米，每一瓣花瓣都用金色的锻铜贴合，阳光一照，闪闪发光，十分耀眼。莲花之大，可供千人在此听习佛法。在此建造莲花的想法来自莲花是大乘佛教象征的寓意及周边山峰形状的浓缩。巨型莲花的下面是一个可供香客们观景的平台，在这里，人们能够俯瞰周边连绵起伏的群山，听着殿内梵音缭绕，看着眼前大千世界，心境不觉间就会开阔起来。再往下就是善法堂，顶部被装饰成天空的模样，被称为内供世界第一高室内“露天”大佛堂，善法堂四周金碧辉煌，光彩夺目，美不胜收。最下面的一层是七重宝垣，宽99米，长180米，高28米，用来陈列佛教艺术品，亦可在此讲课，七重宝垣的四周雕刻着诸天罗汉菩萨及佛造像，长达4000余米，蔚为大观。宝垣外围还配以5000米长的汉白玉精雕栏板，远远望去，兜率天宫和那朵莲花仿佛一起被白云腾空架起，若隐若现、遥不可及。

钟声、鼓声、诵经声、佛号配合着天宫周边的佛光云雾，这里浑然就是以佛教山水为背景的天宫幻境。

回顾整个兜率天宫和会稽山龙华寺的建设，会稽山龙华寺修建委员会主任、龙华寺居士代表潘建国居士最常说的一句话是“因缘不可思议”。

2000年对于潘建国来说是人生中痛苦且幸运的一年，痛苦的是他的事业跌入谷底，自信心也因此受到很大打击，尽管他不停出入于名山古刹访僧拜贤，依然没有找到能够带领他走出心灵桎梏的答案；幸运的是，在机缘巧合下，他结识了南怀瑾先生，并且从其著作中找到了寻觅已久的答案。

读完南怀瑾先生的《金刚经说什么》之后，潘建国似乎对之前的感受有点懵懂的感悟，在此后的几个月里，他买来南怀瑾先生所有的著作，废寝忘食地读了个遍，读完之后，迷茫和疑惑彻底消除了，随之而来的是想见到南怀瑾先生本人的迫切渴望，他想亲耳听到老师的点拨。说做就做，两年之后的夏天，他带上自己出版的宣纸版佛像图书来到香港寻找南怀瑾先生。

事情并没有他想象中的那么顺利，潘建国来到香港之后并没有见到南怀瑾先生，而是见到了亲正法师，在法师的牵线搭桥下，潘建国将带来的图书送到了南怀瑾先生手里，临走前，又从亲正法师那里收到了来自南怀瑾先生的红包，原来南怀瑾先生不接受无偿捐赠，红包里是给潘建国的书款。此外，亲正法师还传达了南怀瑾先生对潘建国图书的高度评价，并向潘建国提供了亲近老师的途径——到义乌双林古寺找体悟法师报名，老师年底会在那里带领大家打禅七。

回来之后，潘建国迫不及待地去义乌双林古寺结识体悟法师，并在2002年底提前赶到双林古寺，一边等待南怀瑾先生，一边做义工。他每天都和寺里的师父们一起建禅堂，盖食堂，接送香客。2003年大年初七，潘建国终于见到了期盼已久的南怀瑾先生，并且跟随南师打禅七。这是一个对他影响很大的禅七，使他开发了觉性，解脱了心灵，重拾了信心。也就是在这几天，潘建国产生了想要修建居士禅修道场的念头，为的是让更多的人能够接受正信佛法的熏陶。

或许是潘建国的诚意感动了佛祖，真的就有这么一个机会摆在了他面前。几年之后，潘建国收集到相关消息，并于2007年6月27日与绍兴县人民政府签订了建设会稽山弥勒圣境的协议。协议明确：圣境的核心建筑是

“兜率天宫”和“会稽山龙华寺”，核心理念是“包容和谐快乐”，圣境性质是慈善公益的而非商业的，所有股东的出资均不能参与分红，所有利润都用于慈善和文化建设。

在南怀瑾先生的鼓励和支持下，潘建国斗志满满，从搜集资料、整理图片到佛教文化设定、确立慈善利他的目标，历时5年，兜率天宫终于建成。开园前，潘建国向南师祈请，希望天宫开放时可以请他老人家到兜率天宫莲花内的千人大法堂开堂讲法，然而，一切因缘皆有定数，没有等到那一天，南怀瑾先生就仙逝了。

南怀瑾先生一生都在用生命弘扬中华民族文化，没能请到南师到自己筑建的道场讲法，潘建国感到十分遗憾。然而在他心中，南师虽然走了，但是他的精神与兜率天宫同在，午夜梦回时，南师一定到过兜率天宫！

·6·

林宏伟：世间须大道，何只羡车行

南怀瑾先生此生将身体、灵魂都献给了国家和民族，他很认同清学开山始祖顾炎武在《日知录·正始》中提出的“天下兴亡，匹夫有责”的观点，将弘扬中华民族传统文化、重整中国文化断层的重任扛在了自己的肩上。为了续接中华民族文脉，他70年置身其中，兢兢业业。早在南怀瑾先生二十几岁的时候，他的患难知己钱吉先生就曾经赠诗称赞道：“侠骨柔情天付予，临风玉树立中衢。知君两件关心事，世上苍生架上书。”不得不说，这位知己真是好眼力，他一语道破了南怀瑾先生的一生志向，余下的70年中，南怀瑾先生果然一直在为天下苍生挂怀，为中国文化奔走。

2012年9月29日，悲伤的消息传来，南怀瑾先生在没有太多征兆的情况下悄然无声地离开了我们。这位国学大师的仙逝，让世人肝肠寸断，再想感受南老先生的音容笑貌，聆听先生的教诲已经断无可能，想要多角度地了解南怀瑾先生，学习他作为一代宗师的睿智、爱国情怀、人文情怀、商业经验、奉献精神和为人处事的智慧，只能从旁人的只言片语或者那些在南怀瑾先生生前有幸到他身边学习的学生口中得知。

林宏伟作为南怀瑾先生的温州老乡，一个晚辈国学爱好者，就是这么一个幸运儿。他曾经前往太湖大学堂拜望过南怀瑾先生，并且亲自向先生请教了关于金温铁路的诸多事宜。在铁路建设备受国人关注的时代背景下，林宏伟以新闻工作者的特有职业敏感，捕捉并记录下了南怀瑾先生倡导修建金温铁路的非凡意义。此后，林宏伟以严谨的治学态度、对读者认真负责的精神，多方考证、查阅资料，编写了《南怀瑾的商业智慧》一书。他尽全力真实展现南怀瑾先生的生平，收集了南怀瑾先生的友人、家人、学生、弟子结缘南师、追随南师的感怀文章，以及一些专家学者研究传统文化、研究南怀瑾思想的学术文章，给世人一个走近大师、认识大师、了解大师的平台。

在书中，我们了解到南怀瑾先生在促成金温铁路过程中遇到的重重困难，以及面对困难时所表现出的睿智与宽容。我们可以想象，一个年过古稀的老人，在为家乡人民圆梦这件事上所持有的坚定决心。他虽然人已年迈，但是爱国的心并未随之老去，当家乡领导找上门来邀请他牵头建设金温铁路时，他表现出了义不容辞的决心和舍我其谁的态度，勇敢地担起了这份责任。金温铁路从开始筹划到真正通行，中间历时近10年，在这些年中，由于事先没有想到的困难一一出现在面前，施工难度超乎想象、资金一再被迫追加，南怀瑾先生可谓是操碎了心、吃尽了苦。然而，在金温铁路建成通车之后，南怀瑾先生却做了一个让人完全意想不到的举动，他把铁路的股权全部转让了出去，想要功成身退，还路于民。可以看出，金钱名利在这位胸怀民族大义的智者心中不过是过眼云烟，他做事的原则只有一条——有利于民，至于他个人的得失荣辱，他从来不放在心上。

在书中，我们了解到南怀瑾先生作为一个爱国商人的做事原则。他早年投笔从戎、跃马西南，为了能在抗战时奉献自己的一点力量，他到边疆屯垦，出任大小凉山垦殖公司总经理，想要通过生产为国家抗战物资需要提供一份支援。在当时匪患严重的时代，很多商人都想发笔国难财，这与南怀瑾先生重义轻利的经营理念是完全相违背的，当大小凉山垦殖公司有这种思想的人出现时，南怀瑾先生就主动选择了退出。

在书中，我们了解到南怀瑾先生作为一个成功商人所表现出来的商业智慧。他以自己多年的经商经验及对国学的透彻认知告诫当下的企业经营者和管理者，要多为公众着想，多做实事；要待人宽厚，做事严谨；要多做好事积累福报，让钱来找人，而不是人去找钱；要任人唯才，而非任人唯亲，只有这样公司才能真正发展起来；要以身作则、言传身教，而不是事事处处管理下属，否则只会落个人服心不服的下场。

南怀瑾先生挚爱中国传统文化，他为人处事、待人接物的行为准则也基本与古代圣贤们的思想相符合。孔子说："道不远人，人之为道而远人，不可以为道。"回顾南怀瑾先生的一生，他一直都是天下公道的倡导者，尽力把国学中所讲的道理和学问以最简明扼要的方式讲解出来，让妇孺幼子都能听懂。他有教无类、深入浅出、旁征博引、依古鉴今，没有古板的严师做派，处处透露着亲和力和说服力，可不就是"道不远人"的典范吗？

在林宏伟笔下，南怀瑾先生慈祥温和的形象跃然纸上，他润物细无声，桃李遍天下，学者群年龄从十几岁跨越至百岁。1997年8月，在金温铁路建成通车之际，南怀瑾先生做了一首诗来展示自己的心境："铁路已铺成，心忧意未平。世间须大道，何只羡车行。"意思是说，铁路已经建好了，然而自己的心事并未完全放下，他真正想修建的是一条可以让中国10多亿人通行的"人道之路"，是一条以中国传统文化为基础，以高尚的爱国情怀、大无畏的奉献精神为材质的通往人心的道路。南怀瑾先生志向之远大，让国人为之动容，相信在诸多国学爱好者的响应下，南老定能梦想成真。

·7·
南存辉：伯父让我顿悟禅意人生

1963年出生在浙江省乐清市柳市的南存辉是正泰集团股份有限公司董事长兼总裁，他在商业经营上作出的成绩和在企业管理方面表现出的才能，使他成为公认的"浙南模式"的杰出代表。多年来，闪耀在南存辉头顶的光环数不胜数，如“优秀中国特色社会主义事业建设者”、“中国时代十大风云人物”、“中国优秀民营科技企业家”、“首届中国机械十大杰出企业家”、“97中国乡镇企业十大新闻人物”、“首届浙江商人年度风云人物资深贡献奖”、“浙江省突出贡献企业经营者”、“温州市改革开放十大风云人物”等。然而，谁能想到，这个拥有几亿美元资产、驰名中外的商界巨子曾经只是一个害羞的小鞋匠。

初二那年，由于父亲意外腿部骨折而被迫担起生活重任的南存辉只得退学，为了照顾弟妹，身为长子的他小小年纪就当上了修鞋匠，这一当就是3年。南存辉说，这3年虽然没赚到钱，但是生活却教会了他两个道理，即：做生意要诚实，有质量就会有市场；一个人要想有所作为，必须从点滴平凡的小事做起，不能好高骛远，目空一切。不得不说，从这里就能看出，他的思想与南怀瑾先生教导企业经营者要“诚信实干”的思想一样，或许这也是后来二人有缘得见时南怀瑾先生把南存辉当成自家侄儿疼爱的原因吧。

秉承诚实守信的经营原则，南存辉踏上改革开放的浪潮，在家里开办了一个开关厂。由于踏实肯干，经营得当，他的生意越做越大、越做越好，终于由小作坊发展成为大的家族企业。南存辉认为“做人要正直，处事要泰然”，于是他从这两句话中各取一个字，合起来作为自己公司的名字，“正泰”一词由此产生。

20世纪90年代，30多岁的南存辉随乐清市领导一同前去香港拜望南怀瑾先生，这是他们第一次见面。当时南怀瑾先生虽然已是80岁高龄，但依旧神采奕奕、精神矍铄。见到家乡来人，南老开心不已，主动讲起了家乡的往事，言语间全是对故乡的怀念。

闲聊中，他们了解到二人的父辈们都曾在柳市的殿后村南宅居住，后来由于各种原因，南老的父亲搬迁到了地团村，南存辉的父亲搬到了上园村。两个同姓同宗的人见了面，自然想理清彼此间的关系，南怀瑾先生找出南氏族谱，看到“嗣元应德光，常存君子道”的辈分排序，自己属于“常”字辈、南存辉属于“存”字辈，自己应当是南存辉的伯父，于是热情地邀请南存辉以后常来吃饭，并且劝说他趁年轻赶紧跟自己学习学习。

此后，南存辉工作之余总会发信息、打电话问候南老，工作中遇到难以处理的问题也会第一时间向南老请教。其间，南怀瑾先生总是苦口婆心地劝他“放下”，“赶紧来学习”，但南存辉总是因为工作繁忙，抽不出身而错过学习的机会。这一推就到了2008年，南存辉再去太湖学堂拜望南老，先生很严肃地斥责他，40多岁了，还不来学习，财迷一个！

2009年，南存辉放下正在上市冲刺阶段的企业，来到太湖学堂参加南怀瑾先生为期7天的修禅课，学习期间一切杂事抛之脑后，精心研修，不请假、不接听手机、不会客，静心修炼。

经过这次修炼，被先生责骂财迷的南存辉成了先生喜闻乐见的学习迷，他花了大量时间阅读南怀瑾先生的《论语别裁》、《老子他说》等著作，还在南老的指导下阅读了很多经典名著。

书籍的力量是无穷的，此后的南存辉已经和十年前的他判若两人，再在工作上遇到事情的时候，他已经开始试着用南老的观点来解决和处理。南怀瑾先生曾以明末清初的诗《解人颐》来教导他不要让自己陷进欲望的牢笼。全诗是：“终日奔波只为饥，方才一饱便思衣。衣食两般皆具足，又想娇容美貌妻。娶得美妻生下子，恨无田地少根基。买到田园多广阔，出入无船少马骑。槽头扣了骡和马，叹无官职被人欺。县丞主簿还嫌小，又要朝中挂紫衣。做了皇帝求仙术，更想登天骑鹤飞。若要世人心里足，除是南柯一梦西。”于是，在企业经营中，南存辉便感悟出“一个人要学会树立正确的心态，千万不要把自己的期望值提的太高，欲望是无止境的”的道理，这也有助于他脚踏实地的发展企业，远离不切实际的目标。

跟随南怀瑾先生重读中国古代儒释道文化和历史典籍的这段经历，对南存辉来说是十分有意义的，能让他静下心来，认真梳理做企业的得失；能让他认识到，作为一个合格的企业领导者，缔造有价值的企业文化对公司发展的重要作用；能让他认识到，人生在世，淡泊名利后，关于人生、财富和人际关系的处理就会更加简单，这样做也有助于身心健康。

南怀瑾先生仙逝，对南存辉来说只是另一种形式的存在，因为南怀瑾先生生前曾经说过：“长生不老的境界是人在世上，活着的时候，无病无痛，走的时候，说走就走，而他的思想、精神不断被世人传承下去。”现在，南老虽去，但是他的精神还在，他的思想还在，他对南存辉的影响还在，所以他就是那个在人世中长生不老的存在。

南存辉说：“在事业上，我期望能像南老告诫我那样，‘以一己之简约，承世事之繁杂’，同时也要始终保持创业之初的谦虚；在做人上，我也记得供在南老大禅堂里的那副对联：‘此是学佛场，心空极地归。’人生有三重境界，刻意人生、随意人生、禅意人生，而禅意人生是我在伯父的点拨下最想要到达的人生境界！”

·8·

吕松涛：让生命在参悟中破壳而出

上海绿谷集团董事长吕松涛与南怀瑾先生的结缘像极了金庸武侠小说中“不打不相识”的桥段。2006年3月5日，读完南怀瑾先生著作后对先生十分痴迷和敬仰的吕松涛经中国文化书院副院长陈越光引荐，终于有机会拜见南怀瑾先生。心情异常激动的吕松涛随陈越光来到先生家，相互介绍坐定后，不到十分钟就有工作人员指着他窃窃私语道：“就是他，就是他！”不明所以的吕松涛一阵胆怯，有人问他是否就是绿谷公司的吕松涛，在得到肯定答复后，那人从房间里拿出一叠报纸，原来是绿谷公司的销售人员在宣传产品时冒用了南师的名字，说南师吃了他们的保健品后身体特别好，还在文中以南师的口吻赞扬了产品功效。

像是做贼被抓个正着的吕松涛一阵羞愧，特别想找个地缝钻进去，心想，“这下成为南师学生的愿望破灭了”。谁知，南怀瑾先生不但没有责备吕松涛，反而用幽默机智的语言和包容的态度化解了这次尴尬，他说：“原来是你呀，今天自投罗网。”老师又对那几个本来要追究吕松涛法律责任的学长说：“今天见面说开了，都是朋友，这事以后不要再提了。”南怀瑾先生宽大为怀，得饶人处且饶人，吕松涛感受到老师的宽容与大度，对南师更加尊敬，这件事自此就算了结了。

得知吕松涛正处在迷茫期，南怀瑾先生留下了他的联系方式，并且特许他每天晚上7点到自家吃饭，听到这里，吕松涛心中的石头落地，他终于有机会近距离聆听老师的教诲了。

吕松涛出生在安徽淮北平原，从小头脑灵活，聪明好学，一帆风顺的求学生涯让他养成了勇于挑战、绝不服输的性格。他在商海搏击20多年，几经大起大落。鼎盛时，身家几十亿，风光无限；衰败时，传票十几张，欠债无数。有经商技巧也善于生财的吕松涛对自己不能守财的状况十分苦恼，他向南师请教数次创业失败的原因，以求跳出成败的周期怪圈。南怀瑾先生没有直接回答他，而是为他个人开了一个小灶，从最基本的禅定开始教起，言传身教地点拨、感化他，让他慢慢探寻潜藏在内心深处的答案。

一段时间后，对生命已经有所感悟的吕松涛对公司正在做的一切感到了愧疚和痛心，为了真正摆脱这一切，他请求南师准许他到太湖大学堂闭关一年，以反省自己，南怀瑾先生欣然应允。草草地处理了公司的事务，吕松涛来到大学堂开始了为期一年的以打坐听课为主要内容的简单生活。

一年里，吕松涛的愧疚感加重，他越来越为公司只为盈利不为患者考虑的经营理念感到罪恶深重，南怀瑾先生的谆谆教诲及公而忘私的处世哲学与自己的自私自利行为形成了鲜明对比，在煎熬中日夜挣扎的吕松涛终于领悟到一个道理：自己的企业所属医药行业，存在和发展的价值使命应该是把别人的病治好，而不是只为了赚钱。尽管在企业经营管理过程中，他们也像别的企业那样信誓旦旦地喊着“顾客是上帝”、“为客户创造价值”等口号，但是他从来没把这些挂在嘴边的漂亮话放在心里。经过这次闭关，听老师讲了诸多道理，他才真正意识到自己和企业的责任所在。而过去他一直想要寻找的失败原因，此时心中也有了答案：不以顾客为本，违背医道，所以才会后院失火，麻烦不断。认识到这些之后，吕松涛的人生价值逐渐发生了转变。

成功是失败后的坚持，新生是破茧后的化蝶，在南怀瑾先生处完成一年闭关修行的吕松涛信心满满地踏上了第四次创业的征程。这一次，他明确了经营企业的目标是为了与患者心心相印、给患者治好病。他重整人马，实事求是，不再夸大其词；他关心患者，关心员工，抱着一颗感恩回馈的心经营企业。终于，企业如有神助，很快步入正轨，业务突飞猛进。吕松涛再次体会到了站在事业顶端的感觉，也切实感受到了南怀瑾先生的教诲对工作发展的实际推动作用，不到4年时间，他的业务规模就大幅超过了2006年，公司前景一片大好。

在企业发展过程中，由于资金周转困难，吕松涛差点放弃中医“四诊仪”的开发，也是在南怀瑾先生的鼓励和支持下才坚持了下去，所以才有了现在“四诊仪”这种中医现代化的革命性产品，该产品对人类的健康和吕松涛事业的扩展都起了很大作用。

吕松涛说：“在2008年之前，我每次去北京，不管天气如何，总觉得是阴天，而如今，一切心安理得，心里没鬼不怕鬼敲门。”能有如此心境的转变和事业上的绝处逢生，都是南怀瑾先生教诲的结果，老师向他传授的都是生命智慧之学，是可以让他的生命破壳而出的康庄大道。

通过对老师书籍的系统阅读理解，吕松涛对人生有了深刻认识，他说过一段很有哲理且发人深思的感悟：“真正的人生就像‘主谓宾’，大多人只有主语（自我）没有宾语（他人），为什么没有宾语（他人）？是因为没有谓语（见地、定力、愿力）。生命是‘生’加‘命’，是‘主谓宾’合一。历经数年的参悟，今天才算找到‘命’之所在，原来命就是一个人，找到一个‘一’并一生去叩拜，而这个‘一’就是万法归一的道，是精益求精、向上一路的道啊！”

因为这个“道”在，所以在吕松涛心里，南怀瑾先生并没有离去，他始终与我们在一起，与万物一体，他无所不在，他的精神和智慧与天地同寿，万古长存！

·9·

张跃：老师指点我中庸之道

张跃是远大中央空调有限公司董事长兼总裁，1960年出生在湖南省郴州市，24岁辞去美术老师的职务下海经商，1988年与弟弟张剑一起研制出无压锅炉并获专利，注册采暖设备厂投入生产获得了人生中第一桶金。几年后，兄弟二人研制出国内中央空调行业的第一台直燃机，在技术上领先国内乃至世界空调界，又获得了丰厚的利润。1997年，远大销售额高达20亿，也正是这一年，张跃购买了私人飞机并获得直升机的驾驶执照。一时间，张跃春风得意，出尽了风头。

或许是在人生的道路上太过顺利，没有经历过风雨打击的张跃似乎不知道迷茫是什么，他不需要向人讨教“自己为什么做企业”及“什么是事业”的问题，所以他坦言自己之前并没有特别关注过南怀瑾先生，更没有认真读过他的书，只是自己的太太十分崇拜南怀瑾先生，并且能将他的书倒背如流，受夫人影响他才会偶尔翻一翻南先生的书，但也仅仅是对其中比较轻松风趣的内容感兴趣。

1998年，张跃被朋友带到南怀瑾先生家吃饭，与以往吃饭不同，张跃发现南怀瑾先生家的厨师都是从庙里请来的和尚，做出的饭也都是粗茶淡饭，随坐的客人们都很随意，无论是否熟悉都寻位坐下，这让吃惯了山珍海味的张跃感到十分好奇。

南怀瑾先生一副仙风道骨的模样，十分平易近人，席间和众人拉起了家常。张跃回忆说：“常来南老这里拜访的人，很少平铺直叙地向南老请教书本上的问题，通常都是天南海北地聊天，会讨论文学、宗教，更多地是社会上发生的很多新闻事件，或者自己在人生中遇到的一些问题。他在谈话中，会将古代与现代结合，融会贯通。我从来没有遇到过这么有趣的人，可以将每一件事情讲得如此生动。有些人可能对南老有一点不满，认为南老算不得科班的学者，但是从与他的交谈中，我发现他最大的特点，便是可以将每一样思想讲清楚，而不是玄而又玄。”

此后，张跃每次去香港都要拜访南怀瑾先生，并且与他交谈几个小时，随着了解的逐渐加深，他对南怀瑾先生的敬佩之情一点点被激发出来，他发现南怀瑾先生并非那种单纯的满腹经纶的学者，而是一位能够活学活用的老者。同时，南怀瑾先生家的粗茶淡饭也正好与自己一贯宣传的环保节约理念相符，张跃开始意识到，自己在富裕之后，一味地追求珍品佳肴，与自己宣扬的环保理念其实是相违背的，更何况那些饭菜本质上并不利于身体的健康。想到这里，张跃在对南怀瑾先生的评价上添上了“质朴”一词。

熟悉张跃的人都知道，他是一个常常把“环保”挂在嘴边的人，他公司所经营的产品和项目无一不是和环保有关的。在张跃心中，西方的环保理念比中国先进，西方的环保思维比中国超前，甚至西方文化也比中国的传统文化更实用，所以此前他是只注重西方文化。然而，经过数度与南怀瑾先生交谈之后，张跃坦言自己受到了很多启发，并且开始正视中国自身的文化和东方流传下来的千年智慧。

有一天，张跃在和南怀瑾先生探讨关于环保的话题时，才知道，早在数千年前，中国先人留下的《黄帝内经》中就有“风者，百病之始也”这句话，即在强调空气质量的重要性。可见，相比较那些自诩为先进的西方发现，我们早了几千年。南怀瑾先生适时地点拨张跃说：“以后你再向客户介绍产品时，就告诉客户这句话。古代的风一方面是指风寒，另一方面是说空气污染，古代的照明是用蜡烛和灯油，其燃烧过程产生的烟雾就造成了空气污染。皇帝短寿就是因为常生活在灯火通明的空间里，而现在农村很多人寿命短也跟他们烧柴、烧煤，并且没有排烟措施有关。”

类似的谈话很多，张跃逐渐在这些谈话中意识到国学的重要性，从而肯定了中国古代已经建立起的社会文学对现代生活的帮助作用。他说：“在与南老的交流中，我们都发现，如今的社会正处在一种有知识无文化的阶段。表面看上去知识很多，但最宝贵的东西很少。进一步说有知识的人也很少了，哪怕就是一般意义上的知识。准确地说，这个时代应该叫有信息无知识，问题是信息还有很多是错误的、垃圾的。”所以，他对自认为先进的西方文明的狂热痴迷及自己拥有财富之后的浮躁做派开始感到惭愧。

从这里就可以看出，南怀瑾先生的朴素生活理念已经深深地影响了张跃，这就是南怀瑾先生一直推崇的“中庸”之道在生活上的完美呈现。很明显，张跃已经开始思考财富与社会的关系，已经开始向朴素转变。

正如南怀瑾先生说的那样：“不论你有多少学问或多大本事，都要能放下自己，像一个最普通的人一样生活，因为你会发现，作为一个人，你所真正需要的东西就只有那么多。”

在张跃眼里，南怀瑾先生是中庸之道的忠实执行者，他为人处事，从来都是一方面对自己的要求很高，另一方面从不让别人觉得有压力，就这样张弛有度、恬淡安详地做着自己该做能做的事情，一点点地影响着一代又一代人。

2012年9月29日，南怀瑾先生在苏州太湖大学堂仙逝，这位一生致力于推行中国传统文化和造福苍生的国学大师的离世让世人悲痛不已。然而，在张跃心里，南怀瑾先生是他人生路上曾经指点过他的朋友，他对先生的怀念自不必说，但是悲伤亦不会过度，因为先生教过他做人要学习中庸之道。

图书在版编目（CIP）数据

听南怀瑾谈经商之道 / 于台风著 . —北京：时事出版社，2016.1（2018.3 重印）

ISBN 978-7-80232-941-6

Ⅰ . ①听…　Ⅱ . ①于…　Ⅲ . ①商业经营

Ⅳ . ① F713

中国版本图书馆 CIP 数据核字（2015）第 319501 号

出版发行：时事出版社

地　　址：北京市海淀区万寿寺甲 2 号

邮　　编：100081

发行热线：（010）88547590　88547591

读者服务部：（010）88547595

传　　真：（010）88547592

电子邮箱：shishichubanshe@sina.com

网　　址：www.shishishe.com

印　　刷：北京溢漾印刷有限公司

开本：787 × 1092　1/16　印张：18　字数：205 千字

2016 年 1 月第 1 版　2018 年 3 月第 2 次印刷

定价：32.00 元

（如有印装质量问题，请与本社发行部联系调换）